蠟人形・
銅像・肖像画
——近代中国人の身体と政治

遊佐 徹 著

白帝社

目　次

序　章　天安門の毛沢東の肖像画 ………………………………… 1
第1章　蠟人形：ロンドンの林則徐の蠟人形 …………………… 7
第2章　李鴻章の「分身」達：李鴻章の世界周遊とその
　　　　「身体」 …………………………………………………… 23
第3章　銅像：上海、徐家匯の李鴻章の銅像 …………………… 33
第4章　郭嵩燾の肖像画：仮構された「身体」 ………………… 51
第5章　その後の郭嵩燾の肖像画：統一される「身体」 ……… 65
第6章　西太后の肖像画：Portrait と「聖容」 ………………… 69
第7章　その後の西太后の肖像画：ながめられる
　　　　「身体」 …………………………………………………… 97
第8章　西太后の肖像写真：商品化される「身体」 …………… 107
補　章　「銅像」の想像：革命・ルソー・銅像
　　　　――中国近代におけるルソー受容の一側面 …………… 123
終　章　中国近代文化史研究と中国人の「身体」 ……………… 141
図版出典一覧 ……………………………………………………… 148
あとがき …………………………………………………………… 149
索　引 ……………………………………………………………… 151

○本書における表記について

1、漢字表記は、清朝期間および我が国の明治時代に刊行された文献・資料のタイトルの表記およびそれらからの引用も含め、基本的に常用漢字体を用いた。
2、資料によっては、「避諱」の習慣によって、特定の文字に改字、欠画等の処理が施されたものがあるが、引用に当たっては、すべて元来の表記に戻した。
3、清朝期間内の出来事および同期間内に刊行された文献・資料の刊行年月日を記載する際には、中国暦を主とし、西暦を付記する体裁を取った。なお、清朝末期には、政治的主張を反映した様々な紀年法が考案・使用され、実際に本書で言及した文献・資料においてそれが用いられた場合もあるが、比較検討の利便性を考慮して、書中の中国暦表記はすべて清朝皇帝紀年暦に統一した。

■序　章

天安門の毛沢東の肖像画

　濃い朱紅の塗り立てを施された重厚な城台と60本の巨柱に支えられた城楼大殿からなる天安門。威圧感に満ち溢れたこの大構造物は、北京のランドマーク的存在である以上に、かつては皇帝の権威・権力の象徴として、また王朝体制崩壊後は前方に広がる空間（ストリート、広場）とともに様々なメッセージの発信の場として、ながめられ、あるいは記憶されてきた政治的建築物である。

　その天安門の現在における政治性を最も明瞭かつ恒常的に示してきたのが城台中央の大門洞上方に掲げられた毛沢東の肖像画であろう。縦6メートル、横4.6メートル、額を含めた総重量4.5トンの巨大絵画の制作自体、極めて政治的な事業であったわけだが、その政治性を受け止めきれる場所は天安門を置いて他なかっただろうし、また、天安門の存在が巨大肖像

図1　現在の天安門

画の制作の情熱を呼び覚ましたといえるかもしれない。

寶坤氏の「画毛主席巨像的人」[1]は、その制作の経緯と維持のありさまについて教えてくれる貴重な文章である。

それによれば、肖像画は制作が開始された1949年からしばらくの間は、毎年5月1日のメーデーと10月1日の国慶節を挟んで10日ずつ掲げられるだけで、決して「恒常的に」天安門とワンセットの関係にあったわけではないこと（「恒常的に」掲げられるようになったのは1966年の文化大革命発動以降のことである）、また、肖像画自体も毛沢東の生物的経年変化の反映をも含めて頻繁に描き換えられ、現在に至るまでいくつものヴァージョンがあったことなどが判るのである。

図2　現在の毛沢東の肖像画

図3　1950年のメーデーで用いられ、大衆の批判を浴びた肖像画

さらに該文には、肖像画の受け止められ方に関する非常に興味深い逸話が載せられている。それは次のようなものである。

○1950年の初めのこと、北京市人民美術工作室副主任の辛莽が制作を担当した毛沢東肖像画は、中央宣伝部副部長、胡喬木が選んだ写真をもとに

した無帽で視線を遠くに投げかけた斜め向きの姿で描かれたが、天安門にそれが掲げられると、一般大衆より「耳がひとつしかないのは不自然であるし、眼が上向きであるのはあたかも人民大衆が眼に入っていないかのように見える」という批判が寄せられた。これに対し、北京市当局も描き換えを指示したため、辛莽は、今度は正面向きで水平の視線を前方に投げかけた表情の写真を選び、肖像画を描き上げた。改めて天安門に掲げられたそれに対する評判は上々であった。

辛莽の旧作に対する大衆の批判とは、我々の指導者が自分達の声を公平に聞き取ろうとしていない、自分達を眼中に入れてない、見守ってくれないという不満、不安感を述べたものといえるだろうが、ここで確認して置かなければならないのは、この不満、不安感が決して政治的観点から発せられたものではなかったという点である。

1950年の初めは、前年10月1日の開国大典から日もまだ浅く、革命達成の熱狂がいまだ熱く渦巻いていた時期である。1月にはイギリスの承認を受け、2月には「中ソ友好同盟相互援助条約」を締結し、3月には毛沢東がモスクワから帰国する等、新国家の船出を寿ぐ出来事が続くなかにあって、一般大衆が革命の指導者に対して政治的な不満を抱くことはなかったはずである。だとすると、彼等の不満、不安感とは、指導者の肖像画そのものが呼び起こしたものであったということになる。それも絵のうまい下手、似ている似ていないという次元においてのことではなく、指導者を眼の前にしながらもともに在るという実感を得られない、という疎外感に基づいて訴えられたものなのであった。毛沢東の肖像画は、この時まさに生身の毛沢東本人として機能していたのである。

辛莽の旧作に対して向けられた一般大衆の不満、不安感とは、彼等が肖像画の身体性に敏感に反応した結果生じたものだったのである（これ以降も、毛沢東の「像」に対しては同様の批判が浴びせられることになる。1959年10月に制作が決定された第3代目の「標準像［公式ポートレート］」——この「標準像」は1960年から1966年まで天安門に掲げられた肖像画の

雛型ともなった——もまた片耳で左目の視線がやや上向きに偏していたため、大衆から「偏聴偏信［一方の言葉だけを聴いて、それのみを信じる］」の嫌いがあるとの指摘を受けたという[2]）。

　以上の逸話は、政治的効果の発揮を期待された権力者の肖像画が、その本質的属性である身体性によって政治性を乗り越えられてしまった皮肉な結果を語ったものとして読み解くことができるものであるが、この読解結果は、新しい権力機構の出現と権力者の肖像画の関連性、その際に立ち現われる肖像画の政治性と身体性の抜き差しならない関係という点において、我達を容易にある優れた論考のもとへと導いてゆくことになるだろう。その論考とは、多木浩二氏の『天皇の肖像』[3]である。
　該書は、明治天皇の「御真影」（明治二十一年［1888年］、イタリア人画家キョッソーネが描いた肖像画を写真家丸木利陽が撮影したものである）の制作に至るまでの経緯とその普及の実態を明らかにすることを通して、天皇の身体の可視化がいかに近代日本における「天皇制国家」という新たな政治空間の創出を可能ならしめるプロジェクトであったのかについて論証した研究である。
　毛沢東の肖像画もまた、単に天安門に掲げられただけではなく、文化大革命期を中心に一時期公的、私的空間の隅々にまで行き渡り（もちろん、これにさらに毛沢東バッジや大小の毛沢東像、切手や近年発行の新人民元紙幣を加えることができる）、「中華人民共和国」という政治空間の形成を強力に推進してきたことを考え合わせると、体制や時代の違いを越えて「毛沢東の肖像」と「天皇の肖像」が政治文化的に非常に近しい関係にあることが了解できるだろう。
　しかし一方で、両者の間には決定的な違いが存在することも事実である。それは新たに成立した権力機構下における権力者を巡って見出された身体性と政治性の関係についての認識の形成過程の違いである。
　多木氏が分析しているように、明治新政権下における「天皇の視覚化」とは、「権力が見えていないために生じる政治的な弱点と、権力は見える

ようにしなければならないという政治の視覚的技術の意味を、もっとも認識していた政治家であった」大久保利通等によって「西欧の絶対主義の政治技術によく似」た手法を用いて進められたプロジェクトであった。つまり、それまでの日本には存在しなかった政治技術を政治的決断のもとで導入したものなのであった（この点は、逆の事象として、江戸時代において一般民衆が徳川将軍の姿を見ることなどあり得なかったことを考えることでも理解可能であろう）。

　天皇が一般国民、外国人の前に生身の姿を現わすのは、明治三年（1870年）が最初のことであるというが、その後の全国巡幸、写真撮影、肖像画の制作とそれに基づく「御真影」の制作と普及、そのどれをとっても日本の政治文化においては画期的なことであったのである。

　それに対し、毛沢東の肖像画の場合は、画期的政治技術として中国の政治文化のなかに持ち込まれた訳ではない。彼に先立ち中国に君臨していた権力者である蒋介石も、そしてさらに中国革命の父である孫文も天安門等に巨大肖像写真を掲げるなどみずからの肖像を政治的に利用していたし、なによりも毛沢東自身がすでに政権樹立以前、解放区においてみずからの肖像を様々な形で利用しながら政治空間の形成・拡大・維持を図っていたのである。すなわち、1949年以降天安門に掲げられることになった毛沢東の肖像画は、それ以前に学び取られていた政治技術を応用したものであったのである。これを肖像画をながめる側の立場に立って言い換えるならば、学習、経験済みの政治文化のなかに、新たな事例が加わったということになるだろう。

　新中国成立時、権力者の可視化を通した新たな政治空間の創出は、すでに十分に可能な状態にあったのだった。

　冒頭において、天安門の存在が巨大肖像画制作の情熱を呼び覚ました、と述べたが、以上明らかになったことを加味すれば、この一文は次のように書き改めなければならないだろう——天安門に掲げられた毛沢東の肖像画とは、歴史的、伝統的な権威・権力の空間に、別種の政治空間の形成を可能にする伝統的政治技術が結び付いたことによって産み出された政治的

表象である、と。

　いうなれば、ふたつの政治空間がオーバーラップした地点が、地上約12メートルの高さに広がる６×4.8メートルの「空間」だったのである。

　天安門の毛沢東肖像画とは、以上のように、歴史的に用意され、また政治文化的に必要とされてきた「身体」であったのだが、それでは、天安門に巨大肖像画が掲げられる以前、すなわち孫文が表舞台に登場する以前の中国においては、中国人の「身体」が「自己」もしくは「他者」によって政治的に扱われることがあったのだろうか。

　本書は、この疑問に対し解答を見出すためのささやかな作業である。具体的には、王朝体制末期において蠟人形、銅像、肖像画等様々な「像」に作り成されて世界規模の「見る」─「見られる」の関係のなかに「身」を置くことになった何人かの中国人を取り上げ、「像」と「本人」の間、「像」を作り成す側と「像」に作り成された側の間、「像」をながめる側とながめられる側の間に繰り広げられたドラマを読み解く形でその作業を進めてゆくことにする。

注
1　寳坤「画毛主席巨像的人」（北京市政協文史資料委員会編『北京文史資料』第47輯［北京出版社　1993年　北京］）。
2　金俊「毛沢東標準像的誕生」（『知識就是力量』2007年第10期）。
3　多木浩二『天皇の肖像』（岩波新書　1988年）。また、同様のテーマを扱った佐々木克氏の一連の論考、「天皇像の形成過程」（飛鳥井雅道編『国民文化の形成』［筑摩書房　1984年　東京］所収）、「明治天皇のイメージ形成と民衆」（西川長夫、松宮秀治編『幕末・明治期の国民国家形成と文化変容』［新曜社　1995年　東京］所収）、「近代天皇のイメージと図像」（岩波講座『天皇と王権を考える６　表徴と芸能』［岩波書店　2003年　東京］）、『幕末の天皇・明治の天皇』（講談社学術文庫　2005年）第２部、明治の天皇、および若桑みどり『皇后の肖像　昭憲皇太后の表象と女性の国民化』（筑摩書房　2001年　東京）を参考にした。

■第1章

蠟人形:ロンドンの林則徐の蠟人形

　道光三十年十月十九日（1850年11月22日）、洪秀全率いる拝上帝会征討のため再び欽差大臣に任じられ、病を押して郷里より広西桂平県金田村に赴いた林則徐は、途中の広東潮州府普寧県において66年の波乱に満ちた生涯を閉じた。ところが林則徐は、その後も生前と変わらぬ表情、服装のままに人々の前に姿を現わし続けたのである。それもはるか地球の裏側で。

　蠟人形館といえば、怪しげな雰囲気を漂わせながら現在もなお命脈を保ち続けている旧式の見世物小屋であるが、18、19世紀のヨーロッパ、とりわけイギリスにおいては人々を惹き付けて已まない娯楽施設であった。なかでも、それまでの巡回興業形態から1835年にロンドンのベイカー・ストリートに腰を落ち着けたマダム・タッソーの一座[1]は、我が国においてもその名が代名詞的に機能している蠟人形館である。その館のなかで、林則徐は、生けるがごとき姿で物見高い観客のまなざしを受け止めていた[2]のであった。

　いや、この表現では誤解を招く可能性があるだろう。というのも、記録から窺い知ることができるように、林則徐は1844年にはすでに展示品の列に加えられていた[3]のだから。彼は生きているうちに「生けるがごとき」姿で陳列されていたのである。それもはるか地球の裏側、信念に基づく戦いを挑み、不本意な形で敗北を喫することになった相手の国の女王のまさにお膝元で。

　マダム・タッソー蠟人形館が、林則徐をこのように扱ったのには十分な理由がある。それは、「彫像展示のどのセクションにも、「今まさに」話題になっている人物をつねに加えてゆく」[4]という基本原則の存在である。

このマダム・タッソー蠟人形館に他の同業者にはない特徴を持たしめた基本原則こそ、「アヘン戦争の初期段階に東洋発の特電記事のなかで有名人となった」[5]林則徐の展示品入りを促したものなのであった。すでに世界規模のレヴェルで張り巡らされつつあった情報のネットワークが林則徐の「身体」をも要求したのである。

　林則徐本人は、地球の裏側にもうひとりの自分が存在することなど想像さえすることなくこの世を去ったことだろうが、それから20年と経たぬうちに同胞が異国で生前の姿そのままの自分に対面することになろうとは、本人のみならず対面者にとっても想像の範囲をはるかに越え出た出来事であったに違いない。
　管見の及んだ限りにおいて、蠟人形の林則徐との対面を最も早く記録に残している中国人は王韜である。近代中外交流史および近代文化史上のユニークな活動と経歴をもって知られる王韜は、香港でイギリス人宣教師、ジェームズ・レッグを助けて『尚書』の英訳に当たったことが機縁となり、レッグの帰国に従って同治六年（1866年）冬にヨーロッパに旅立った。40日間の船旅ののち、マルセイユに到着した王韜は、それから2年の間イギリス、フランス、ロシアを遊歴したが、そのイギリス滞在中に林則徐と「対面」したのであり、王韜が残した旅行記『漫遊随録』は、その時の経験を次のように語っている。

○『漫遊随録』三十二「遊覧瑣陳」
　有蠟像室、牆壁周嵌玻璃、表裏朗徹、不沾繊塵。甫入門、即見有華人男女各一、侍立門側、若司閽然。男則衣冠翎頂、女則盛服朝裙。余驚詢何人、以林文忠公対。蓋禁煙啓釁、雖始自林、而因此得通商五口、皆其功也、故立像以紀其始。

　　蠟人形の部屋があり、壁面にはすべてガラスがはめ込まれ、その明るく透き通ったさまは、塵ひとつ感じさせない程である。門をくぐるとすぐに中国人の男女ふたりの姿が眼に入ってくる。門に寄り添って侍

るように立ち、あたかも門番のようである。男は官服に翎子、頂珠（位階勲等を示す礼帽の飾り）を頂き、女は正装のうえ朝裙（皇帝から封号を与えられた夫人が着用する礼装）を着けている。私が驚いて何者であるのかと尋ねたところ、林文忠であるとのことであった。思うに、アヘンの禁止によって戦端を開くことになったのは林の責任であるが、結果としてイギリスが中国の5つの港において貿易を開始できたのはそのお陰であるともいえるので、像を作製し通商関係の起源を記し留めたのであろう[6]。

男女一対の体裁とは、1840年代初めの林則徐展示開始当初のタイトル「林総督とその愛する後室」[7]に符合する。おそらく20年以上経っても林則徐の展示の形式は変わることがなかったのだろう。

王韜は、その林則徐との出会いを「驚き」をもって記録しているのであるが、その「驚き」の質については、いま少し分析を加える必要があるだろう。そのためには、林則徐にたどり着くまでの王韜の視線の動き、認識の過程をたどればよいだろう。

図4　一品の官服に身を包んだ林則徐

蠟人形館に足を踏み入れた王韜の眼にいきなり飛び込んできた、正装した、そしてそれゆえにこそすぐに見分けられた「中国人の男女ふたりの姿」は、この段階ではまだ不特定の中国人同胞であった。それに「驚き」その名を尋ねたところ林則徐であることが判ったのである。つまり王韜のロンドンにおける林則徐との対面は、2段階の認識の層によって形作られたものなのであった。

この2段階の認識の層とは、その当時の王韜の心の声を代弁するならば、「なぜ中国人がここに」、「なぜ林則徐がここに」ということである。もちろんこの問いかけは、王韜の想念のなかでは緊密に連続した形で浮かび上がってきたものであるし、自身の力で答えを探し当てる結果にもなっている。しかし、果たしてその答えでふたつの「なぜ」に十分に回答したことになるだろうか。
　引用箇所を読み返せばすぐに判るように、王韜が書き記した答えとは、ふたつの「なぜ」のうち後半の疑問に対してのみ与えられたものである。どうして王韜は異国における林則徐の像の存在理由についてのみ解釈を施したのだろうか。彼にとって最初に頭をよぎった疑問に対する解答は結局必要ないものだったのであろうか。この王韜が見せた対応の差から浮かび上がった「疑問」を解明してゆくことで、中国近代における身体と政治の関係の認識形成過程を考えてゆくための手掛りの一端が得られるかもしれない。

　ここでもう一度、蠟人形となって眼の前に立つ林則徐に対して王韜が下した解釈に注目してみよう。
　イギリスはロンドンの地に林則徐が佇む意味を王韜はアヘン戦争の勃発とその結果としての南京条約の締結という中英交渉史の枠組みのなかで理解している。しかも、その判断基準は、「得通商五口、皆其功也、故立像以紀其始（イギリスが中国の5つの港において貿易を開始できたのはそのお陰であるともいえるので、像を作製し通商関係の起源を記し留めたのであろう）」の文言に明確に示されているように、イギリス人の立場に即したものとなっている。これはまた、先に記したマダム・タッソー蠟人形館の展示基本原則に従った理解であると表現してもよいかもしれない。いずれにせよこの時、王韜は、イギリス人のまなざしにみずからのまなざしを重ね合わせることを通じて、林則徐の像が孕む身体と政治の関係の意味にまでたどり着いていたということができるだろう。
　しかし、この時、王韜には重ね合わせることができない、もしくは意識

することさえできないもうひとつの他者のまなざしがあったのである。それは、「林則徐」の像を、ではなく「中国人」の像をながめるイギリス人達のそれである。

　マダム・タッソー蠟人形館に足を踏み入れたイギリス人達は、王韜がそうであったのと同様に、まず「中国人」の像に出迎えられしばし「中国人」の像をながめることになっただろう。このまなざしは、「ながめる」という行為そのものの点においては王韜のそれとなんら変わるところはない。しかし、両者の視線が真に重なり合うことはあり得なかったはずである。なぜならば、両者の間には、まなざしの先にある対象物の理解の次元において決定的な質的差異が存在するからである。それでは、中国人が「中国人」の像をながめる視線とイギリス人が「中国人」の像をながめる視線との間にはどのような質的差異があったのだろうか。それを理解するためには、当時のイギリスの中国観、中国人観を把握しなければならない。

　19世紀後半のイギリス社会、いわゆるヴィクトリア時代における中国観、中国人観に関しては、先行するR・ドーソン、D・F・ラック、P・A・コーエン等の業績[8]を押さえつつ、さらにそれらを中産的知識人によって担われた信念や確信に近い庸俗思想のレヴェルで問い返す作業を進めた東田雅博氏の研究[9]がある。いまそれを利用して、王韜が林則徐と対面した頃のイギリスにおける中国イメージを明らかにしてみよう。

　「50年代には18世紀的中国イメージ、つまりある意味ではヨーロッパのモデルにさえなりうるユートピア的中国イメージ」が僅かに残っていたが、「60年代の特徴はこうした多少なりとも中国を好意的に理解しようとする立場ではなく、むしろ中国、中国人への軽蔑、敵対、嫌悪、違和感を顕にする立場の方にあった。中国人が「奇妙な人種」であること、くだらない文明を持つ「憂鬱な人種」であること、「基本的に停滞的で、反進歩的な人種」であること、その大衆は勤勉で飢えた「金銭欲の強いアニマル」であること、その性格は部分的にしか理解しえない「謎」であること、その「容貌」のみならず「思想と政策」においても極めて特異な人々であるこ

と、そして中国は「グロテスクな矛盾の国」であること、「半幼児的文明」を持つ国であること、こうした総じてマイナスのイメージを産み出す言説」によって中国、中国人は語られるようになっていたという。そして、この傾向は、その後イギリスがヴィクトリアニズムを支える基本精神であった「文明化の使命」を希薄化させてゆくのにつれて一層強まり、70年代には「中国はイギリスの利益を守り、拡大するために軍事力を含む何らかの圧力を行使しても当然の国である」と見なされ、80年代には「どうしようもない停滞の国というイメージが定着」するようになったという。

このように19世紀後半のイギリスにおける中国観、中国人観とは、ほぼすべての相において侮蔑的、否定的なものであった。ロンドン、ベイカー・ストリートの一角に佇む林則徐の像には、1850年代以降エスカレートしてゆくマイナスイメージを念頭に置いた圧倒的多数の人々の視線が日々注がれ続けていたのである。

この視線の存在を確認することによって、私達は、蠟人形の林則徐のまさに「実像」を見出すことができることになるだろう。

地球の裏側において、林則徐は、かたや「軽蔑、敵対、嫌悪、違和感」の対象の中国人として、かたやその中国人を屈服させ、新しいシステムに従うことを認めさせるきっかけを作った中国人として、いわば2重の視線、2重の解釈を受け止める存在として佇んでいたのである。

この2重性とは、ヴィクトリア時代の時代精神である「文明化の使命」(「文明」、「進歩」—「野蛮」、「未開」の基準を全世界、全人類に適用し、非ヨーロッパのヨーロッパ化＝イギリス化を推進しようとする考え方)の意識と、その意識の重要な源泉でありまた具体化された姿でもある資本主義的繁栄を保証する自由貿易政策にそれぞれ対応することからも判るように、背反的ではなく相即的関係に立つものである。この関係を理解したうえで改めて林則徐の像をながめれば、それが単にアヘン戦争の記念であることを越えて、イギリス人達にそもそもアヘン戦争＝自由貿易政策を必要とさせたものの正体＝「文明化の使命」の意識の存在を観客に告げるものであったことが見出されてくることになるだろう。この意味において、林

則徐の身体は2重に政治化された形でイギリス人達の、そして王韜の前に佇んでいたのであった。

しかしながら、前述した通り、王韜は林則徐の身体にイギリスの自由貿易政策という政治を見出すことはできたが、残念なことに、さらに突き詰めてそれがいま明らかにした2重構造によって形成された関係であることにまではたどり着くことはできなかったのであった。

もちろんこれは彼の個人的関心の所在、当時の国際情勢に対する知識のレヴェルに起因することではあろう。だが、そのように断じてしまうのは、少々酷であるともいえる。なぜならば、林則徐の身体が語りかけてくる複雑な政治性を王韜が理解するには、中国人を「軽蔑、敵対、嫌悪、違和感」の対象としてながめるイギリス人達のまなざしを共有せねばならず、それはとりもなおさず、彼に彼自身をそのようにながめるまなざしを共有することを強いる、すなわち自己否定の可能性を強く孕んだ行為を選択させることに繋がるからである。

ながめる主体が投げかけるまなざしがながめられた客体からたちまち屈折反射してきて主体に注ぎかかる。そしてこの時、ながめる側とながめられる側は一体化しさらなるまなざしのもとにさらされることになる。こうしたダイナミックな視線の運動の存在に気付くことのなかった王韜は、異国の地で唐突に出くわした「中国人」の像をすぐに自己から切り離し、理解可能な「中国人」の他者＝林則徐として記憶に留めることになったのである。

この王韜の林則徐との対面から10数年後、中国人達は同様の出来事を体験する機会を永遠に奪われてしまうことになる。というのも、林則徐の像自体がマダム・タッソー蠟人形館から姿を消してしまったからである。

光緒三年（1877年）、清朝は駐外使臣制度の実施に踏み切った。これは光緒元年（1875年）に起きたマーガリー事件の処理のためにその翌年イギリスに派遣された郭嵩燾を初代の駐英公使として追認したことに始まる措置であった。その年を境に、イギリスを始め条約締結国には清朝公使が常

駐する（兼任を含む）ことになったのであるが、この政治的、外交的決定が、林則徐の蠟人形の扱いに大きく影響することになったのである。
　２代目の駐英公使、曾紀沢の日記には以下のような一文がある。

○『出使英法俄国日記』
　二十日、陰。……倫敦有蠟人館、以蠟塑各国聞人之像。林文忠之像、実守門戸。自有中国公使、英人乃撤其像而蔵之。聞英人之譏議林公、以其諱敗為勝、猶有称誉之者、則亦以焚埋煙土一事。然則英人固非以其私怨而譏之也。

　光緒五年八月二十日（1879年10月5日）、曇り。……ロンドンには蠟人形館があり、各国の有名人の像を蠟で作り成している。ここでは実は林文忠の像が入り口を守るように立っていた。中国の公使が常駐するようになってからイギリス人がそれを撤去して仕舞い込んでしまったのである。聞くところによると、イギリス人が林公を非難するのは、公が敗北を隠し勝利と報告したことによる。それでもなお公を称賛するものがあるが、それはアヘンを焼却し埋めた行為一事をもってのことである。すなわちイギリス人は元来（アヘンを没収されたという）私怨によって公を非難した訳ではないのだ[10]。

　すなわち、曾紀沢の記録によれば、イギリス側によって林則徐の像が清朝公使の眼に触れないような配慮がなされたというのであるが、この措置は、先に解明したような視線の運動に気が付いた中国側からの申し入れによったものだったのか、それとも純然たるイギリス側の外交的配慮だったのであろうか。
　実は、林則徐の像が撤去されてしまう以前にマダム・タッソー蠟人形館を訪れた中国人は王韜以外にも存在した。この疑問に対しては、彼等の反応に注目することで答えを見付けられそうである。

　王韜がヨーロッパに旅立ったほぼ1年後、清朝は任期を終えて帰国する

アメリカ公使、バーリンゲームを欽差大臣に任命し、清朝の立場、方針を説明させるために欧米を歴訪させることにした。このいわゆるバーリンゲーム使節団の一員であった総理各国事務衙門章京、志剛、同文館出身の通訳、張徳彝がロンドンにおいて林則徐に対面した記録を残しているのである。

まず、志剛の日記を見てみよう。

○『初使泰西記』
九月初六日。観蠟像堂。夏屋渠渠、蠟作象生、或坐、或立、或独処、或群居、率皆各国君主后妃及古今著名公卿将帥、奇傑名士。……林少穆先生、雖未謀面、而心儀其人、不意於此遇之。其身不長、其貌則揚、顴平面円、存我冠裳。惜覿面不能共語、以問安辺之方。

同治七年九月六日（1868年10月21日）。蠟人形館を参観。奥深く広がる建物に、蠟を用いて人間の姿を象った像が居並ぶ。坐像や立像、個人の像もあれば群像もある。おおむね各国の君主皇妃もしくは古今の名だたる公卿将帥、英傑名士の像である。……林少穆先生とは生前面識を得ることはかなわなかったが、心中敬服申し上げていた。それが思わぬことにこんなところでお会いすることになろうとは。身の丈高からずも昂然と面を上げた表情は、頬骨低く丸顔で、身に纏うは、天朝の官服である。惜しむらくは、折角まみえながらも、共に語らい辺境防備の方策を問うことのかなわぬこと[11]。

イギリス訪問に先立つアメリカにおいて、「清米天津条約追加条約」を結び、次いでパーマストン政権との交渉を控えた志剛にとって、意表を衝く形で眼の前に佇む林則徐は、みずからを投影する対象としては映っても、そうした状況自体を作り上げることになった根源的出発点とそれを支える2重の政治構造を眼の当たりにしていることを気付かせることはなかったのである。

さらに張徳彝に至っては、以下のような蠟人形を蠟人形としてのみなが

める極めて客観的な感想を記しているに過ぎない。

〇『欧美環遊記（再述奇）』

　九月初六日庚辰、陰。未刻随志、孫両欽憲乗車往栗榛街法国徳慈夫人之蠟人館一観。内儲各国古今名人之像、其頭与手係以蠟搏成、冠履衣裳、皆当日本人所服。其像或仿画像、或仿照像而塑、与真逼肖。中有粤督林文忠公暨其夫人之像、階前対立、儀表如生。其余王后大臣、宿将名士之像、羅列前庭、無不生気勃勃、而観者有時不動、亦将疑為蠟人矣。其工之精巧如此。

　同治七年九月六日（1868年10月21日）庚辰、曇り。午後1時、志剛、孫家穀両欽差大臣とともに馬車でリージェント・ストリートにあるフランス出身のマダム・タッソーの蠟人形館に赴き見学。館内に居並ぶのは各国古今の有名人像で、頭部と手は蠟を捏ねて作り、衣装は頭の上から足の先まで当時本人が着用していたものを用いている。像のあるものは肖像画をもとにし、またあるものは写真を利用して作成されるが、本人と見紛うばかりである。展示品のなかに両広総督林文忠公とその夫人の像があった。階段前で向かい合って立つが、その表情、風采生けるがごときである。その他の王后大臣、宿将名士の像は前庭に並び立ち、いずれも生気に満ち溢れている。逆に観客が立ち止まっていると、蠟人形に見えてしまう程だ。その技術の精巧なることかくのごときである[12]。

　先にも名を挙げた初代駐英公使、郭嵩燾もマダム・タッソー蠟人形館を訪れ、林則徐に対面した中国人のひとりである。曾紀沢が任を継いだ時にはすでに像は撤去されていたのだから郭嵩燾が「公使」として林則徐の像をながめた最初で最後の中国人ということになるだろう。

　その彼が出使日記に書き留めた林則徐との対面の記録も以下のように張徳彝のそれにも増して淡白なものであり、像が孕む政治性に気付きイギリス側に政治的な対応を求めた形跡は全く見られないのである。

○光緒三年正月初一日丁巳、元旦。……以元旦須一出遊、偕雲生以下至歪克斯独索、観所謂蠟人者。歪克斯、猶言蠟工也、独索者、其館主之名也。……所塑皆有名人、各国主為多、最著者華盛頓也。林文忠亦塑一像坐門首、劉雲生言、神貌皆酷肖也。

光緒三年正月一日（1877年2月13日）丁巳、元旦。……元旦につき外出をということで、雲生（劉錫鴻）以下一行を引き連れてワックスタッソーに赴き、いわゆる蠟人形なるものを観た。ワックスとは蠟細工のことで、タッソーとは蠟人形館の主人の名である。……蠟人形になっているのはすべて有名人で、各国の君主が多くを占める。なかでも際立って目立っていたのはワシントンであった。林文忠も蠟人形となって入り口に座らされていた。劉錫鴻がいうには、雰囲気、表情いずれも酷似しているとのことである[13]。

郭嵩燾といえば、西洋世界に中華文明のみが持つと考えられていた「政教（政治と教化）」の存在を見出し、評価した、当時としては極めて先進的、開明的な西洋観の持ち主として知られる人物であるが、その彼であっても、林則徐の像がイギリスの「政教」と深い部分で繋がっていることを見抜くことはできなかったのである。

むしろ、蠟人形館に同行した副使の劉錫鴻の方が興味深い反応を示している。

彼は日記のなかで次のようにロンドンで林則徐が座っている（郭嵩燾も書き留めているように、この時までに林則徐の像は、立像から坐像に、夫人とのセットから単独像に替えられていたらしい）意味を解釈している。

○『英軺私記』「蠟人館」

光緒三年正月元旦。東向恭拝聖牌、行三跪九叩首礼。午後、与正使及参賛各員観於蠟人館。入門右首、則林文忠公像也。館凡三層、前両層摹其歴代賢国主及列国名人像、後一層為罪人像、皆酷肖。混諸生人中、不可辨別。文忠前有小案、攤書一巻、為禁鴉片煙条約。上華文、下洋文。夫

文忠辦禁煙事、幾窘英人、然而彼固重之者、為其忠正勇毅、不以苟且図息肩也、可謂知所敬。

　光緒三年正月元旦（1877年2月13日）。東に向かい謹んで聖牌を拝し奉り、三跪九叩頭の礼を行う。午後、正使および書記官等とともに蠟人形館を見学する。入り口の右手には林文忠公の像があった。該館は3部屋からなる。前方2室は、歴代の名君主および各国の有名人を象る。後方の部屋は犯罪者の像を並べるが、どれも本人に酷似している。人ごみのなかに混じれば見分けがつかない程である。文忠像の前には小机が置かれている。机上には1冊の書物が広げられていて、内容はアヘン禁止に関わる条約文である。2段組の体裁で、上段は中国文、下段は横文字で記されている。文忠がアヘンの禁止を断行したことで、イギリス人達はほとんど死地に追い込まれかけたが、それでもなお彼等が文忠を尊敬して已まないのは、文忠が忠誠無私、勇猛堅毅の精神を持し、片時も重責から逃れようとはしなかった点を賞してのことである。イギリス人も敬仰すべきものの何人たるかを知っているといえよう[14]。

　この劉錫鴻の理解は、王韜のようにイギリス人のまなざしに寄り添って眼前の像の意味を見極めようとしつつ、その一方で、それを自身の価値観＝林則徐評価によって捉え返すというものである。つまり劉錫鴻は、他者によって解釈を施された同胞を他者ごとみずからの解釈の範疇に取り戻してゆくのである。

　しかし、こうした理解の方向性を取る限りは、先に明らかにしたような林則徐の像が孕む複雑な政治性の理解に達することは到底不可能であろう。なぜならば、彼が林則徐をみずからの解釈の範疇に取り戻した瞬間とは、ロンドンのベイカー・ストリートにあるマダム・タッソー蠟人形館においてその入口に座る林則徐の像に向けていたまなざしの前から像を消し去った瞬間、想念のなかでかねてより記憶に留まる故欽差大臣両広総督林則徐と向き合った瞬間に他ならなかったからである。

かくて林則徐は、他者によって蠟人形に作り成された状況から解放されることになるのだが、解放後の彼を待ち受けた運命は、やや皮肉なものにならざるを得なかったのだった。その運命を教えてくれるのが、先にも引いた第2代駐英公使、曾紀沢の林則徐に対する反応である。

曾紀沢の日記の一節によって明らかになったように、彼がロンドンに着任した時には、林則徐の像は、すでにマダム・タッソー蠟人形館からは撤去されていた。すなわち、曾紀沢にとって林則徐の像は、直接ながめることのできないものになっていたのである。

劉錫鴻の場合とは異なり、物理的に姿を消し去ってしまった林則徐に対し曾紀沢が送った「まなざし」とは次のようなものである。同日の日記において、曾紀沢は長広舌を揮っている。

○余論林文忠之貽誤事機而獲美誉。当時宣宗睿鑑、責其欺罔、天顔震怒、予以厳譴。而林公冠服不改、懸旗升砲以遊於江淮之間、逢人訴冤、即此一端、已非純臣気象。然輔弼諸公、乃力諍於廟廊之上。至今士大夫猶有極口賛嘆、謂林文忠而在、外患当不至此極者。蓋亦純採虚声、不覈其実、一唱百和、牢不可破耳。方西人之初入華境、固皆恭順馴良、不敢稍肆、有敬畏之意、無猖獗之容。文忠初議禁煙、以茶葉若干箱易煙土若干箱、既成約矣。而承辦茶葉之官、以劣茶雑悪草、粗紙予之、英商始有違言、然猶未決裂也。既而議違禁販煙者、治以中国死刑、英人滋不悦、終亦勉強応允。而文忠復言、販煙之船、他貨亦当充公、全船人衆皆当治罪、始致激成戦事。戦則我之艇船遇砲粉砕、傾覆死者甚衆、莫能嬰其鋒者。而林公乃以大戦獲勝、斃敵無算入告。其後、事跡破露、宣宗赫怒、乃是天経地義。然聖心仁慈、雖悪之至極、而不肯宣言其罪、但於挙薦之疏、批駁紅勒而已。諸臣不識事実、昌言為之訟冤、至有以尸諫者。天下是非、毀誉不易明白、此其証也。

　　私は、林文忠が国事において機会を失したにもかかわらず、美名を博していることについて論じたい。当時、宣宗（道光帝）陛下はご明察のもとその欺瞞を叱責し、震怒のうえ厳しい処分を下された。しかし

林公は官服を脱ごうとせず、麾旗を掲げ大砲の火を絶やすことなく江淮の間に遊弋し、逢う人ごとに冤罪を訴えていたというが、この一事だけでもすでに純忠の臣たる資格に欠けるものがあるはずだ。ところが処分に対し輔弼の重臣までもが天子を強く諫める始末であった。いまに至るまで士大夫のなかには文忠を口を極めて褒め称えるものがおり、もしいま林文忠ありせば外患かくのごときに至らじ、と述べるものがいるが、おそらくはそれも専ら誇大な名声に引きずられ、事実に検証しなかった結果で、いつもの付和雷同の悪弊のなせる業であるに過ぎない。西洋人は中華入境の初め、みな恭順善良でいささかも放肆の振る舞いなく、畏敬の念こそあれ凶暴なる行為に出ることはなかったのである。そもそも文忠がアヘン禁止を提議した当初は、一定の比率で茶葉とアヘンを交換することをもって話が付いていたはずだった。担当の役人が低品質の茶葉に雑草、粗末な紙を混ぜて交換したことでイギリス商人は不満を漏らしたが、この段階では双方が決裂することはなかった。その後、禁を犯してアヘンを売ったものは中国の法に照らして死刑に処すこととしたため、ますます彼等は不満を募らせたが、それでも結局しぶしぶ承知した。そういう状況であったところに、文忠が加えて、アヘン販売の船あらば、アヘン以外の船荷もすべて没収のうえ、乗船者全員を罪に問うと通告したのである。ことここに至って、彼等も遂に憤激し戦争に訴えることになったのだった。戦端開かれるや、我が方の軍船は敵の砲火に砕かれ、大破沈没して死者多数、敵陣に近付くことさえできなかった。しかし、林公は激戦のうえ勝利、敵死者多数、と報告したのである。その後、事実が露見し、当然のことながら宣宗陛下は激怒されたが、聖心慈悲深くあらせられ、文忠をひどく憎まれたものの、その罪を天下に布告されることなく、ただ文忠推挙の上奏文に批判の朱書きを入れられたに過ぎなかったのである。ところが諸臣はこの事実を知らなかったため、声高に文忠のために冤罪を叫び一死をもって諫言するものまで現われることになった。天下において、事の是非、人の毀誉褒貶は判断の難しいものであるが、こ

れはその証しである。

　このように林則徐は見事に中国の政治のなかに回収されてしまうのである。曾紀沢の文章では、林則徐はすっかり突き放されてしまっている。もし劉錫鴻が、林則徐に対する思いを書き残していたならば、尊敬、賞賛あるいは弁護の言葉が連ねられた内容のものになっていただろうが、いずれにせよ極めてドメスティックな内容のものになっていたに違いない。

　結局、王韜に引き続いて地球の裏側で蠟人形となっていた林則徐に対面した中国人達は、イギリス人達がそれに注ぐまなざしの意味、そもそも彼等が林則徐の身体を必要とした理由を理解し、読み解く地点まで達することができず、また、理解し、読み解く機会を当のイギリス人達の手によって奪われてしまうことになったのだった。

　これは単に、天朝から遣わされた使臣達が故欽差大臣を見世物にするイギリス人達の非を鳴らすことがなかったという一事のレヴェルにおいて理解されるべきことがらではない。天朝の使臣達が、林則徐をロンドンにおいてながめるという状況に自分達が置かれていること、そしてそれを支える根源的な政治の存在に気付くことがなかったという点で、1840年以降の中国人における「近代」の咀嚼方法、「近代」への立ち向かい方の学習の過程と、その応用における限界を示した事例として捉えるべきことがらなのである。

注
1　R・D・オールティック（小池滋監訳）『ロンドンの見世物』（国書刊行会　1990年　東京、原著は Richard D. Altick, (1978), *The Shown of London*, London, The Belknap Press of Harvard University Press.）第24章、蠟人形と肉体芸術。
2　後文で具体的に述べるように、林則徐の蠟人形は、1860年代から70年代にかけてロンドンを訪れた中国人達の眼にも触れていた。この興味深い事実がこれまで研究の俎上に載ったことはなかったようである。筆者の知る限り、陳榕甫氏の「倫敦蠟像館裏的林則徐」と題する新聞記事（『新民晩報』1984年

1月11日号)がそれに注目した唯一の文章である。
3　Anita Leslie & Pauline Chapman, (1978), *MADAME TUSSAUD Waxworker Extraordinary*, London, Hutchinson & Co. Ltd, 16 The last fifteen years (1835−50) および、前掲 R・D・オールティック『ロンドンの見世物』第30章、幕間―見世物産業の内幕。
4　注1参照。
5　R・D・オールティック『ロンドンの見世物』第30章、幕間―見世物産業の内幕。
6　同日記については、鍾叔河編『走向世界叢書』(岳麓書社　1985〜86年　長沙) 所収版を使用した。
7　R・D・オールティック『ロンドンの見世物』第30章、幕間―見世物産業の内幕。
8　以下それぞれについての邦訳をあげておく。
　　R・ドーソン (田中正美等訳)『ヨーロッパの中国文明観』(大修館書店1971年　東京)。
　　D・F・ラック (高山宏訳)「中国像の変容」(叢書ヒストリー・オブ・アイディアス『東方の知』[平凡社　1987年　東京] 所収)。
　　P・A・コーエン (佐藤慎一訳)『知の帝国主義』(平凡社　1988年　東京)。
9　東田雅博『大英帝国のアジア・イメージ』(ミネルヴァ書房　1996年　京都) 第5章、「ロビンソン・クルソー的文明」――中国、『図像のなかの中国と日本　ヴィクトリア朝のオリエント幻想』(山川出版社　1998年　東京) 第3章、中国と日本の登場　アヘン戦争と日本の開国。
10　注6に同じ。
11　注6に同じ。
12　注6に同じ。なお、張徳彝がリージェント・ストリートにあるマダム・タッソー蠟人形館を訪れたと記しているのは、訪問の際、リージェント・ストリートを経てベイカー・ストリートに出たために生じた誤解である。
13　郭嵩燾の出使日記については、『倫敦与巴黎日記』の名称で出版された鍾叔河編『走向世界叢書』(岳麓書社　1985〜86年　長沙) 所収版を使用した。
14　注6に同じ。

■第2章

李鴻章の「分身」達：
　　李鴻章の世界周遊とその「身体」

　林則徐の蠟人形が撤去されてから20数年後のロンドン。ベイカー・ストリートからメアリボーン・ストリートに移転していたマダム・タッソー蠟人形館には、いまひとりの天朝の「欽差大臣」が人々のまなざしを浴びながら佇んでいた。李鴻章がそのひとである[1]。

　前章で引いた東田雅博氏の研究も取り上げているように、当時のイギリスの極東問題、中国問題に対する関心の高まりのなかにあって、李鴻章もまた林則徐同様「話題」の「有名人」となっていたのである[2]。

　しかし、イギリス人達が李鴻章の「身体」を必要としたのにはさらなる決定的ともいえる理由が存在していたのだった。李鴻章のイギリス訪問がそれである。すなわち、李鴻章の場合には、彼自身がイギリスの地を踏み、その「身体」を人々のまなざしのもとにさらすという出来事があったのである。

　光緒二十一年十二月二十七日（1896年2月10日）、日清戦争敗北の責任を一身に負う形で失脚状態にあった李鴻章に西太后よりロシアへの出使の命が下った[3]。

　これは初夏に迫ったロシア新皇帝、ニコライ2世の戴冠式を慶賀するための外交儀礼上の措置であったが、一方で、すでに明らかにされているように、清朝側の対日政策とロシア側の東方政策双方の思惑が複雑に絡み合った結果の人選でもあった[4]。

　さらに李鴻章には、この出使の機会を利用して広く欧米諸国を訪れ、友好関係の確認・樹立を図る[5]とともに、輸入関税税率改定交渉の任務も授けられる[6]ことになる。

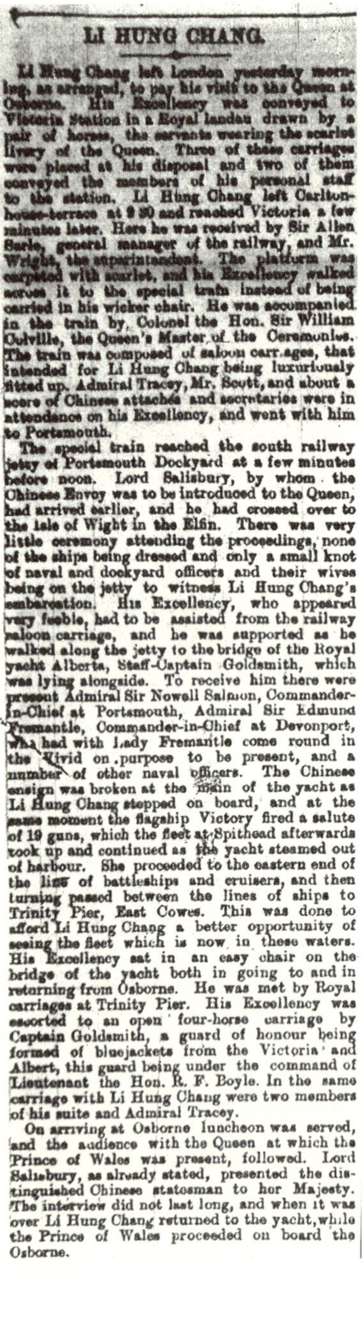

LI HUNG CHANG.

Li Hung Chang left London yesterday morning, as arranged, to pay his visit to the Queen at Osborne. His Excellency was conveyed to Victoria Station in a Royal landau drawn by a pair of horses, the servants wearing the scarlet livery of the Queen. Three of these carriages were placed at his disposal and two of them conveyed the members of his personal staff to the station. Li Hung Chang left Carlton-house-terrace at 9 30 and reached Victoria a few minutes later. Here he was received by Sir Allen Sarle, general manager of the railway, and Mr. Wright, the superintendent. The platform was carpeted with scarlet, and his Excellency walked across it to the special train instead of being carried in his wicker chair. He was accompanied in the train by Colonel the Hon. Sir William Colville, the Queen's Master of the Ceremonies. The train was composed of saloon carriages, that intended for Li Hung Chang being luxuriously fitted up. Admiral Tracey, Mr. Scott, and about a score of Chinese attachés and secretaries were in attendance on his Excellency, and went with him to Portsmouth.

The special train reached the south railway jetty of Portsmouth Dockyard at a few minutes before noon. Lord Salisbury, by whom the Chinese Envoy was to be introduced to the Queen, had arrived earlier, and he had crossed over to the isle of Wight in the Elfin. There was very little ceremony attending the proceedings, none of the ships being dressed and only a small knot of naval and dockyard officers and their wives being on the jetty to witness Li Hung Chang's embarcation. His Excellency, who appeared very feeble, had to be assisted from the railway saloon carriage, and he was supported as he walked along the jetty to the bridge of the Royal yacht Alberta, Staff-Captain Goldsmith, which was lying alongside. To receive him there were present Admiral Sir Nowell Salmon, Commander-in-Chief at Portsmouth, Admiral Sir Edmund Fremantle, Commander-in-Chief at Devonport, who had with Lady Fremantle come round in the Vivid on purpose to be present, and a number of other naval officers. The Chinese ensign was broken at the main of the yacht as Li Hung Chang stepped on board, and at the same moment the flagship Victory fired a salute of 19 guns, which the fleet at Spithead afterwards took up and continued as the yacht steamed out of harbour. She proceeded to the eastern end of the line of battleships and cruisers, and then turning passed between the lines of ships to Trinity Pier, East Cowes. This was done to afford Li Hung Chang a better opportunity of seeing the fleet which is now in these waters. His Excellency sat in an easy chair on the bridge of the yacht both in going to and in returning from Osborne. He was met by Royal carriages at Trinity Pier. His Excellency was escorted to an open four-horse carriage by Captain Goldsmith, a guard of honour being formed of bluejackets from the Victoria and Albert, this guard being under the command of Lieutenant the Hon. R. F. Boyle. In the same carriage with Li Hung Chang were two members of his suite and Admiral Tracey.

On arriving at Osborne luncheon was served, and the audience with the Queen at which the Prince of Wales was present, followed. Lord Salisbury, as already stated, presented the distinguished Chinese statesman to her Majesty. The interview did not last long, and when it was over Li Hung Chang returned to the yacht, while the Prince of Wales proceeded on board the Osborne.

図5　ヴィクトリア女王の李鴻章接見を報じる1896年8月6日付 *The Times*

かくして「欽差頭等出使大臣」に任じられた李鴻章は、光緒二十二年二月十五日（1896年3月28日）、副使、邵友濂以下45名の随行員とともに上海より世界周遊の旅に出たのであった。

その旅は、ロシアを皮切りにドイツ、オランダ、ベルギー、フランス、イギリス、そしてアメリカへと続く半年の長きに渡るものとなった。この間、イギリスには六月二十三日（8月2日）から七月十四日（8月22日）まで滞在している。イギリス滞在中には、ヴィクトリア女王に拝謁し、グラッドストーン前首相を訪問し、ソールズベリー首相との間で輸入関税税率改定交渉に臨んだ他、イギリス議会、ポーツマス軍港、博物館、動物園、郵便局、銀行、造船所、製鉄所等を精力的に見学し、またゆく先々でイギリス国民の視線を集めたという。

こうしたイギリス滞在中および世界周遊中の李鴻章の動静は、現在、光緒二十五年（1899年）に刊行された『李傅相歴聘欧美記』[7]によって知ることができ

るのであるが、本書は、上海にあったミッション系の翻訳出版機関である広学会のアメリカ人、林楽知（ヤング・アレン［Young Allen］）と中国人、蔡爾康の手によって李鴻章の訪問、滞在の詳細を伝える現地の欧文新聞を取材源に翻訳編集されたもの[8]であった。このことはまた、そうした新聞の読者、すなわちリアルタイムに李鴻章の「一挙一動」、「一話一言」[9]に耳目を凝らしていた現地の数多くの読者の存在を物語るものでもある。いうなれば、李鴻章はその「身体」を直接人々の前に現わしたばかりでなく、間接的にも人々のまなざしのもとにさらし続けたのである。マダム・タッソー蠟人形館の李鴻章像とは、そうした大衆におけるリアルとヴァーチャルの入り混じった視覚経験に支えられたものなのであった。つまりは李鴻章の「身体」がいまひとりの李鴻章の「身体」を産み出すことになったのである。

このような李鴻章の「身体」が彼の「分身」を産み出してゆくことになった現象は、イギリスでは蠟人形以外の形態においても、さらにイギリス以外の他の訪問先においても様々に確認することができる。李鴻章は、旅程の先々で、あるいはカメラのレンズの前に立ち、あるいはキャンバスに描き留められ、あるいはレリーフに刻み付けられることになったのである。

それでは、これら各種各様の李鴻章の「分身」達は、中国人達によってどのようにながめられ、

図6　1896年8月22日付 *The Illustrated London News* 掲載の「グラッドストーンを訪問する李鴻章」図

また彼等にどのような反応を惹き起こすことになったのだろうか。

改めて確認するまでもなく、李鴻章の「分身」達は、欧米の地で、欧米人の手によって、欧米人の要求にこたえるために作り出されたものであり、この点においては、かつての林則徐像の佇み方と基本的に変わるところがないといえるだろう。ところが、一方で、同胞との接触の相において考えた時、前者とは大きな変化が生まれていたことに気が付くのである。

もちろん、林則徐像の場合と同様、かの地において、直接それをながめることになった中国人は依然存在した。

例えば、戊戌政変後、国外を流亡することを余儀なくされた康有為は、光緒三十年二月六日（1904年3月22日）、香港より旅立ったヨーロッパ11ヵ国歴訪の旅の途中のロンドンにおいて蠟人形と化した李鴻章に出会っている。

○『英国遊記』
　二十日。遊蠟人院、有英前王各像、為中座、其近今政府、若格蘭斯頓、沙士勃雷、巴科、張伯倫皆有焉。各国名王、若華盛頓、亦有像。吾国穆宗及李鴻章与一茶商像立焉。穆廟像乃朝服著鞋、其苟簡不識吾制若此、其見軽則不待言也……。

　　光緒三十年九月二十日（1904年10月28日）。蠟人形館にゆく。イギリスの歴代国王の像を中心に、輓近のイギリス政府の首脳、グラッドストーン、ソールズベリー、バーク、チェンバレンが勢揃いしている。諸外国の名君やワシントンのごときも蠟人形となって佇んでいる。我が国の穆宗（同治帝）陛下および李鴻章も一体の茶貿易商人の像とともにそこに立っている。穆宗陛下の像は、朝服に鞋というお姿であるが、その粗略にして我が典章制度に対する無知振りかくのごとく、その軽侮のさまたるや言を待たぬものがある……[10]。

この記述からは、20世紀を迎えてもなおイギリスを訪れた中国人が蠟人

形館において「中国人」に相見えるという経験が繰り返されていたことが判るが、実は、当時、中国国内に居ながらにして李鴻章の「分身」に対面することが可能な状況が産まれていたのであった。

　李鴻章の姻戚にも当たる孫宝瑄は、その日記のなかに以下のような興味深い経験を書き留めている。

○『梧竹山房日記』
　二十三日、晴。……哺、詣新吾、見以光学映徳国克虜伯砲廠為李傅相製銅像、西人景慕可謂極矣。又、傅相坐推車遊諸廠図。

　　光緒二十三年四月二十三日（1897年5月24日）晴れ。……夕方近く、新吾宅を訪れ、光学装置を使って、ドイツのクルップ兵器工場が李傅相のために銅像を制作したのを映し見た。李公に対する西洋人の敬慕の情ここに極まれりと謂うべし。また、傅相推車に座し諸廠に遊ぶの図も見た[11]。

　日記文前半のクルップ兵器工場による銅像制作とは、李鴻章が、ドイツ滞在時、工業都市エッセンに赴いて同工場を見学したこと[12]に対応するものであるし、後半の「坐推車遊諸廠図」とは、イギリス滞在中に高齢の李鴻章を気遣って座ったまま移動可能な車輪付き椅子を提供したイギリス王室の配慮[13]を背景とするものである。

　孫宝瑄が記す「光学を以って映ず」が具体的にどのような技術を指すものであるのかは判らないし、また、それによって見ることができた場面の詳細も不明である。しかし、いずれにせよ、孫宝瑄は上海において李鴻章の「分身」達をながめることができたのである。

　孫宝瑄にこのような体験をもたらすことを可能にしたものは、視覚技術の進歩もさることながら、中国と世界を相互に結びつける情報ネットワークの存在である。そもそも、前掲の李鴻章の世界周遊の記録である『李傅相歴聘欧美記』も、元来は広学会の月刊雑誌『万国公報』に上海出帆直前から断続的に連載されていた[14]ものであったし、また、さらなる速報性、

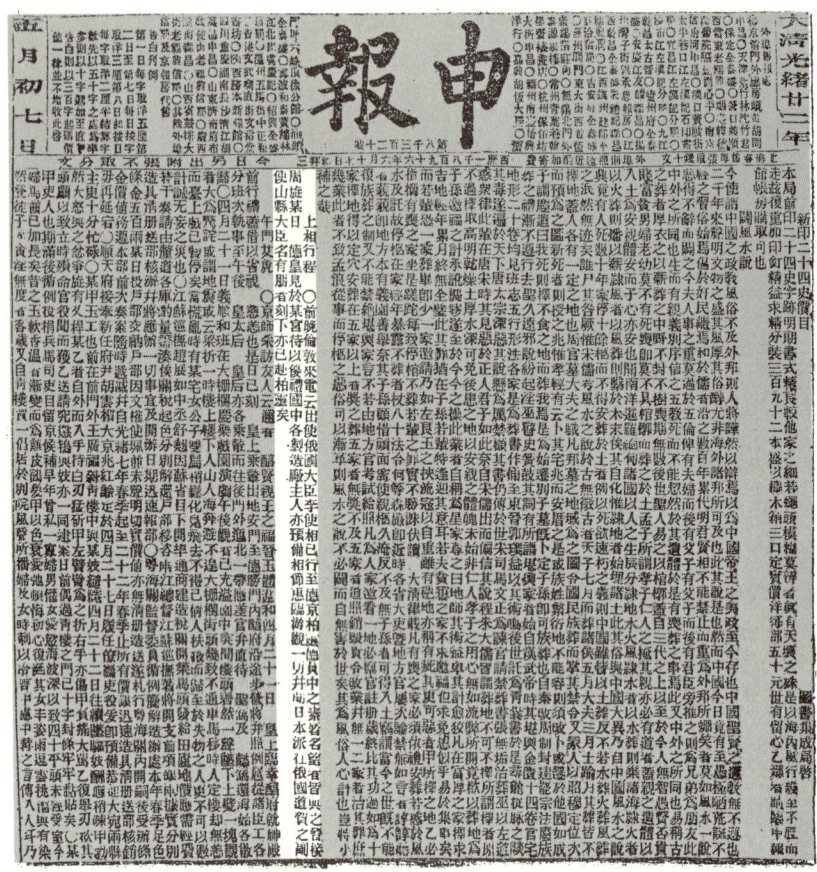

図7　李鴻章のベルリン到着を伝える光緒二十二年五月七日（1896年6月17日）付『申報』
（白地部分が該当記事）

　リアルタイムの情報源という観点からすると、当時の中国を代表する新聞メディアである『申報』が、外電を利用して第一面を中心に李鴻章の欧米における「一挙一動」、「一話一言」を伝えていた[15]。すなわち、李鴻章が世界周遊の旅に出た頃には、他者によって作り成されたその「分身」ばかりでなく、それが作り出されることになった理由や状況自体が洋の東西において共有される環境が整っていたのである。

　李鴻章の「分身」達は、同胞によっても、それらを産み出したコンテキ

ストのなかでながめられていたのだった。

　上海の友人宅で寛ぐ孫宝瑄にとって、眼の前に現われた李鴻章の「分身」達は、決してそれとの邂逅を訝しむ対象でも、奇異な感覚を抱かせる対象でもない、十分に理解可能な存在であったのである。先に引いた、康有為の対面の記録における事実のみを記した態度もまた同様の理由によるものだろう。20数年の歳月は、林則徐の蠟人形と李鴻章の「分身」達を眼の前にした同胞の間に、理解の条件の面において大きな差を作り出すことになったのである。

　しかし、だからといって、康有為や孫宝瑄の理解が、第1章において分析し明らかにしたような中国人の身体が他者によって必要とされるに至った根源的理由にまで完全に及ぶものではなかったことには注意しなければならないだろう。康有為は、蠟人形として眼の前に立つ同治帝の服装の杜撰さに憤りを覚えこそすれ、同治帝と李鴻章と茶貿易商人の像が並び立つという不思議な構図に対しては疑問を発することはなかったのである。

注
1　中国にもたらされた李鴻章の蠟人形に関する情報としては、例えば『大陸報』第2、3号（光緒三十年三月二十日［1904年5月5日］）「雑録」欄掲載の「蠟人館」と銘打たれた記事「蠟人館之設、始於某夫人……凡英国歴代帝王皇后大臣大将、及知名之文人武士、莫不悉備。……又不独古時人物已、近世之名人、亦網羅無遺。杜蘭斯哇之克留開爾、支那之李鴻章、亦列其中云。」や後述のロンドンにおいてそれを実見した康有為の記録などがある。
2　東田雅博『大英帝国のアジア・イメージ』（ミネルヴァ書房　1996年　京都）第5章、「ロビンソン・クルソー的文明」──中国、『図像のなかの中国と日本　ヴィクトリア朝のオリエント幻想』（山川出版社　1998年　東京）第8章、柳模様の世界。
3　雷禄慶編『李鴻章年譜』（台湾商務印書館　1977年　台北）光緒二十一年十二月二十七日（1896年2月10日）の項に、「太后懿旨、改派李鴻章為正使、邵友濂為副使、往賀俄皇加冕。」とある。
4　例えば、周伝儒「李鴻章環遊世界与一八九六年中俄密約（上）（下）」（『史学月刊』1985年1期、2期）。苑書義『李鴻章伝（修訂版）』（人民文学出版社　2004年　北京）8、"老来失計親豺虎"等を参照。

5 『徳宗景（光緒）皇帝実録』巻383の光緒二十二年正月癸卯日（1896年2月20日）の項に「総理各国事務衙門奏、大学士李鴻章、奉使俄廷、経過英法徳三国之境、帰途取道美国……応請繕写満漢文国書四分、交李鴻章、齎往四国親遞、以固邦交。」とある。

6 『清季外交史料』巻120に「総理各国事務恭親王奕訢等奏為擬増進口洋税酌籌辦法請旨飭下使臣相機辦理以維利権事……該大臣深明税則利害、望重諸洲。此次恭奉聖旨、得与各該外部商論損益。擬請旨飭下該大臣妥酌機宜、或先就俄徳法三国発凡起例、以取成於英、或先与英商妥及而及諸国均、由該大臣酌辦務。」とある。

7 本文において後述するように、該書は広学会の月刊雑誌『万国公報』に連載されたものを再編集したものである。通行本として鍾叔河編『走向世界叢書』（岳麓書社　1985～86年　長沙）所収版がある。また、同版は、別種の李鴻章世界周遊記である『傅相遊歴各国日記』を『李傅相歴聘欧美記』との重複部分を省略した体裁で収録する。

8 『万国公報』第90冊（光緒二十二年六月［1896年7月］）「星軺紀盛」に「頭等欽差大臣李儀叟使相乗節出洋而後、各国皆称為良相、待以上賓。甚至英京之露透総電局、随其所至、逐日伝電報聞。絶似代随使之記室参軍、為作日記也者。其郵船遞到之新聞紙、則更由略而詳、弥足供人伝誦。今拠港報所訳、曁僕等逐日所訳存者、具録於後。」と述べている。

9 『万国公報』第92冊（光緒二十二年八月［1896年9月］）「星軺彙志」に「李中堂専賀俄国、歴聘欧洲、各国奉為上賓、待以殊礼。而且一挙一動、電牋紛達於遠方、一話一言、日報争伝其偉望。」とある。

10 同遊記については、上海市文物保管委員会編『列国遊記──康有為遺稿』（上海人民出版社　1995年　上海）所収版を使用した。

11 同日記については、孫宝瑄『忘山廬日記』（上海古籍出版社　1983年　上海）を使用した。なお、『忘山廬日記』は『梧竹山房日記』の孫宝瑄自身による改題後のタイトルである。

12 李鴻章のエッセン訪問は、光緒二十二年五月二十日（1896年6月30日）のことである（『李傅相歴聘欧美記』二十日、中堂至遏森、蓋克虜伯製造廠主人邀也。入席之際、中堂為上客。）。ただし、『傅相遊歴各国日記』（注7参照）では2日後の光緒二十二年五月二十二日（1896年7月2日）のこととする。

13 『万国公報』第94冊（光緒二十二年十月［1896年10月］）「英軺筆記」に「英廷……又囑巧匠為造両椅専台［貽?］老年之用……一椅脚有活輪、可以意自為往来。輪以橡皮為之、行走絶無声息。」とあるのに対応する。

14 連載は『万国公報』第86冊（光緒二十二年二月［1896年3月］）から開始さ

れ、同109冊（光緒二十四年一月［1898年2月］）まで断続的に続いた。
15 『申報』の李鴻章世界周遊に関する記事は、光緒二十二年一月二十二日（1896年3月5日）より開始され、同年二月十八日（1896年3月31日）の香港到着以降の記事（掲載はその2日後）は外電によって書かれるようになる。なお、これらの記事については、拙稿「『申報』が伝えた李鴻章世界周遊記」（『中国文史論叢』第4号　2008年）で摘録、集成を図った。

■第3章

銅像：上海、徐家匯の李鴻章の銅像

　ところが、李鴻章の「分身」達のひとりが、思わぬかたちで清朝末期の中国人達を西洋近代における身体と政治の関係の理解に導くことになったのであった。そのひ・と・り・とは、ドイツ、クルップ社によって制作された李鴻章の銅像である。かつて、孫宝瑄が友人宅で「光学」の力を借りて対面してから9年後、銅像自体が中国にもたらされ、多くの中国人達によって直接ながめられるようになったのである。

　銅像は、上海にやって来た。その経緯および銅像に纏わる基本情報については、次に引く日刊の絵入り新聞『図画日報』[1]に載った記事が付図ともども参考になるだろう。

○『図画日報』第26号　宣統元年七月二十六日（1909年9月21日）「上海之建築（二十六）、李文忠公之銅像」
　　我朝自定鼎以来、垂三百年。其間豊功偉烈、震鑠寰宇之偉人、較欧美各洲為多。而鋳像之挙、独盛行於欧美。豈吾中国歴代名人、其功勲不若西人哉。当十九世紀閉、中興名臣李文忠公、於一千八百九十六年六月、因奉命賀俄皇加冕、順道遊歴英徳各国。徳国克虜伯廠主、為李公鋳像。像身高九尺六寸、冠大帽、披黄馬褂、佩剣。全身以純銅鋳成、飾以金皮、輝煌奪目、歴久如新。光緒三十二年正月、廠主命上海信義洋行満徳君、言於李公哲嗣季皋星使移建此像於上海徐家匯丞相祠堂内、備中外人観瞻。即於是年正月二十八日、行開幕礼。像身連雲石座計高二十九尺有奇、鋳像及石座費、計徳金七万数千馬克。誠中国数百年未有之盛挙也。茲将銅像頌詞録下。

大清国太子太傅文華殿大学士一等肅毅伯李公七十四歳造像。　星宿有時隕、既下則光彩全無、英豪治世之功勲、歴久而猶能昌熾、畢生謨烈、雖万代後、其事蹟行蹤、尚丕煥不墜。

　我が清朝の基が築かれてより300年の歳月が経とうとしている。その間に現われた功績偉大にして、天下に盛名を轟かせる偉人は、欧米各国に比して多いにもかかわらず、これまで銅像建立の挙については、ひとりかの国々のみにて盛んであった。まさか中国歴代の偉人達が、その功績において西洋人に及ばない訳ではないだろう。19世紀の終焉を目前に、本朝中興の名臣たる李文忠公は、1896年6月、勅命を奉じロシア皇帝の戴冠式に列席した機会を利用して、イギリス、ドイツをはじめとした各国を遊歴した。その際に、ドイツのクルップ製鉄所の社主が李公のために銅像を制作したのである。像は、高さ9尺6寸（約3.072メートル）、礼帽を被り、黄色の馬褂を纏い、剣を佩く出で立ち。本体を純銅で鋳造し、金唐皮の装飾を施したその姿の眼を奪わんばかりの輝きは、歳月を経ても変わることがないだろう。光緒三十二年一月（1906年2月）、クルップ氏は上海の信義洋行の責任者ヘルマン・マンドル氏に指示し、本像を上海、徐家匯にある李丞相祠堂内に移設し、国内外の人々の瞻仰に供したいとの旨を令息の李経邁公使に伝え、この一月二十八日（2月21日）に除幕式の挙行と相成ったのである。像に大理石の台座を含めた高さは29尺（約9.28メートル）余り、鋳造と台座作製の費用は、7万数千ドイツマルクという。まことに中国数千年来未曾有の盛挙である。ここに像に付刻された頌辞を書き写す。

大清国太子太傅文華殿大学士一等肅毅伯李公74歳の像。　夜空の星も時に隕ちることがあり、さすればその光彩すべてを失うが、英雄の経世の功績は、時を経てもその輝きを減ずることはない。公は命尽きるその日まで経略武功にこれ努めた。万世ののちにあっても、その事蹟と歩みは、なお燦然と輝き続けることだろう[2]。

第 3 章　銅像：上海、徐家匯の李鴻章の銅像　　35

図8　『図画日報』第26号の記事

　この記事からは、台座を含め10メートル近い高さを誇る像の偉容とともに、それがクルップ社社主からの贈り物であったこと、さらに、頌辞が語り、また移設先が徐家匯の李丞相祠堂であることから判るように、贈呈の理由が亡き李鴻章の功績の記念、顕彰であったことが読み取れる。

　以下、これらの情報にさらに必要な説明を加えてゆくことにしよう。

図9　李鴻章の銅像の写真

光緒二十二年五月三日（1886年6月13日）から五月二十四日（7月4日）に至るドイツ訪問を締めくくるかのように、五月二十日（6月30日）、李鴻章はクルップ社社主フリードリヒ・アルフレート・クルップの招きを受けエッセンにある同社の工場を訪れた[3]。

　訪問は僅かな日数であったが、李鴻章とクルップ社との関係には長い歴史があり、それは先代のアルフレート・クルップの時代にまで遡ることができるものである。

　1871年にクルップ社の社員を淮軍に受け入れたのを皮切りに、1870年代半ばに清朝と日本の関係が緊張した際には、アルフレート・クルップからの直接の働きかけに応えてクルップ砲を大量に購入し、80年代における北洋艦隊の整備に際しても、定遠、鎮遠等の主力艦の武装をクルップ砲で行うなど、李鴻章は一貫してクルップ社と深い関係を維持し続けたのだった。アルフレート・クルップは、自身の寝室に李鴻章の肖像を飾っていたともいう。また、実際に銅像贈呈の任に当たった信義洋行のヘルマン・マンドル（Hermann Mandl）とは、1888年以降、中国におけるクルップ社の総代理人として活躍した商人で、李鴻章の厚い信頼をかち得ていた人物である[4]。こうしたクルップ社との繋がりが、李鴻章のエッセン訪問、そして、それを記念しての銅像の制作——頌辞にいう「七十四歳」とはエッセン訪問時の李鴻章の年齢である——に結実したのである。

　ただ、残念なことに、社史をはじめとしたクルップ社関連書、関連資料には、管見の及んだ限り、李鴻章の銅像制作に関する記録、記述は確認できない。とはいえ、李鴻章来訪以前にも、ヴィルヘルム1世の工場視察を記念しての身体モニュメントの制作、アルフレート・クルップの自身の指示による、さらには従業員の発議による銅像の制作などが行われていた[5]ことからも、李鴻章の銅像が制作されるに至った経緯は想像可能であろう。なによりも、普仏戦争（1870～1871年）勝利後のドイツでは町の広場に銅像が立ち並び、またイギリスにおいても同時期以降に、アメリカにおいてはやや早く南北戦争（1861年～1865年）以降にやはり銅像が急増したという一種の銅像ブームが西洋世界に興っていた[6]のである。

すでに明らかにされている通り、この時期の西洋世界における銅像ブームとは、「コメモレイション」＝記念・顕彰行為を通じてのナショナル・アイデンティティの強化、涵養、すなわち国民国家形成の手段のひとつであることを期待された政治的色彩の色濃い流行であった[7]。アメリカやドイツの銅像ブームが戦争を契機としたものであるのはそのためである。それゆえ銅像のモデルは必然的に政治的指導者や軍人および兵士、戦死者が多くなるのだが、ナポレオン戦争（1803年〜1815年）後においてはそのような銅像を建てていたイギリスが、ヴィクトリア朝中期以降になると銅像の建立を「ごくかぎられた国王や軍人だけではなく、科学、文芸、美術、産業などをふくむ、さまざまな分野で活躍した各時代の多数の死者たちの生涯と業績を記念し、顕彰する行為[8]」としていったように、やがて、銅像は、「偉人のコメモレイション[9]」の機能も果たしてゆくようになる。

　もちろん、李鴻章がドイツ人のナショナル・アイデンティティを保証する訳ではなく、また、当時のドイツにおいては、銅像化の対象は依然として国王、軍人、政治家であった。とはいえ、李鴻章の銅像が、少なくとも19世紀後半の西洋世界における「コメモレイション」の文化意識のもとにアルフレート・クルップによって制作され、贈呈されことは間違いないだろう。張徳彝の日記が記録していたヘルマン・マンドルの祝辞「李文忠公為十九世紀中亜洲第一流人物……欧人凡遇不世之傑、莫不以金石肖其象、為後人仰止之資（李文忠公は19世紀のアジアで最も傑出した人物である……およそ西洋人は、不世出の英傑に出会った場合は、必ずその姿を金属、石材でかたちどり、後人の尊崇の資として残すのである）。[10]」は、そのことをよく物語っている。

　このような19世紀後半の西洋世界において形成され、深化していった「身体」の取り扱いのなかで産み出された李鴻章の銅像が中国の地に立つことになったのである。それは中国人達によってどのように受け止められ、理解されることになったのだろうか。
　さらに、先に『図画日報』の記事によって確認した基本情報に説明を加

える作業を続けよう。

　義和団戦争の処理を清朝の全権として担当し、いわゆる辛丑和約に調印して程なく喀血した李鴻章は、光緒二十七年九月二十七日（1901年11月7日）に79年の生涯を閉じた。没後、ただちに皇帝より文忠と諡され、太傅の職を追贈され、一等侯爵に叙されるなどの数々の恩典が与えられる[11]とともに、原籍の安徽合肥をはじめ生前功績のあったゆかりの各地に専祠を建てることが認められた[12]。特に北京城内における漢人を対象にした建祠の許可は、清朝始まって以来の鴻恩であった[13]。この結果、全国各地に計10ヵ所の祠堂が相次いで建てられるに至り、光緒三十年（1904年）には、かつて淮軍を率いて太平天国軍の攻撃から守り、のちには洋務大官としての権力の源泉のひとつとなった上海に、敷地面積22畝（約1.35ヘクタール）の規模の祠堂が建てられた[14]のである。すなわち、はるか地球の反対側から故国へ帰り着いた李鴻章の銅像の安住の地となったのは、中華王朝体制によってしつらえられた「コメモレイション」の装置、空間であったのである。

　以上ふたつの点について加えてきた説明を重ね合わせてみれば容易に判るように、李鴻章の銅像は、本人より9年余り遅れて故国に帰り着きゆかりの地上海に立つことになった時、西洋世界と中華王朝体制それぞれの論理に基づいて形成された「コメモレイション」の機能を文字通り一身に背負う存在と化していたのである。しかも、まさにそうであり得たからこそ、他者の手になる光り輝く巨大な中国人は、違和感なく故国に迎え入れられることが可能になったのであった。
　このことを迎え入れる側の立場により即して考えるならば、本質面で共通する「コメモレイション」という政治文化を媒介に、中国人、中国文化が、他者の論理に基づき他者の手によって作り成された中国人の「身体」をみずからの手に取り戻したということになるだろう。
　結果として、李鴻章の銅像は、たとえ同時代の西洋世界の政治文化を深く知ることがなくても理解可能な存在として中国人達の前に立つことに

なったのである。そしてさらに、以下に加えてゆく事例、説明から明らかになってゆくように、このことは、清朝末期の中国人達に西洋世界の「コメモレイション」装置であった「銅像」に対するさらなる理解の道を開くことに繋がってゆくのである。

　19世紀半ばから始まる西洋世界の銅像ブームは、列強の勢力拡張を通じて世界規模に広がり、李鴻章の銅像が運ばれてくる前に上海の租界にもすでに到来していた。清末民初期の上海において、銅像といえば、李鴻章像を含む次の4像を数え上げるのが一般的であったようである[15]。

　　パークス像（1890年建立）
　　プロテー像（1870年建立）
　　李鴻章像　（1906年建立）
　　ハート像　（1913年建立）

　このうち、清朝の関税業務に半世紀近くもの間携わり、1911年の没後、その功績を称え銅像が制作されたハートを除き、パークス像とプロテー像は、李鴻章の銅像が徐家匯に立つ以前から上海に存在していた銅像である。すなわち、1906年2月以前にも、上海の中国人達は銅像を経験する可能性を有していたわけである。
　しかし、パークス像やプロテー像が中国人達によって「銅像」＝「コメモレイション」として理解されることはなかったようである。
　例えば、パークス像。道光二十一年（1841年）に上海の地を踏んで以降、一貫して対中国、対アジア外交に活躍したイギリスの外交官パークスは、1885年の没後、租界発展の功績を称えるイギリス人居留民によってその銅像が外灘に立てられたのであるが、それをながめる中国人達は、銅像が記念し顕彰する人物には思いを致すことなく、ただ即物的に「銅人像」と呼び、ランドマークのように扱っていたという[16]。
　また、小刀会や太平天国軍との戦いに参加し、フランス租界の拡張に功

績のあったフランス海軍提督プロテーの銅像は、フランス総領事館の敷地内に立てられたことから判るように、中国人達にながめられることは当初より想定されていないものであった。

　すなわち、李鴻章像以前に上海に立っていた銅像達は、中国人達にとって、あくまでも他者が他者の論理に基づいて作り上げた、そもそも理解することも求められてはいないし、また理解することも必要ない性質の「身体」だったのである。

　それらに対し、李鴻章の銅像は、上海、徐家匯の地に搬入される段階からすでに人々の関心の的になり[17]、内外1,000名近くの列席者を集めて挙行された除幕式[18]以降は、野天に立ち祠堂の外からも十分に観望可能[19]な「巨観[20]」によって人々に仰ぎ見られ、また、その制作理由についても「人所共知（誰しもが知っている）[21]」ような存在であった[22]（もちろん、だからといって、李鴻章の銅像は好意的にながめられ続けた訳ではない。例えば、革命勢力の側からは、厳しい批判的まなざしが注がれることになったのも事実である[23]）。

　すなわち、中国人は、他者の手によって作り成された李鴻章の身体を取り戻したことによって、「銅像」を意識し、主体的に経験するようになったのである。そして、この「意識」、「経験」は、李鴻章という個人を巡るそれを越え出た新たな中国人と「銅像」の関係を産み出すことに繋がってゆく。中国人がみずからの手で銅像を制作し、建立することを考えるようになるのである。

　その動きは、早くも李鴻章像の除幕式の翌年には確認することができる。以下、ふたつの事例を挙げてみよう。

〇『忘山廬日記』
　十九日、晩、在長沙家酬接賓客、見子蕃。是日、聞学界人将為長沙開追悼会、又為範銅像、感其有功於興学也。生栄死哀、長沙有焉。

　　光緒三十三年二月十九日（1907年4月1日）、夜、張百熙宅にて弔問

第 3 章　銅像：上海、徐家匯の李鴻章の銅像　　41

客を接待、子蕃に会う。この日、教育界関係者が、故人のために追悼会を開き、また銅像を制作してその興学の功に感謝の念を表わすつもりであることを耳にした。生前は尊敬を集め、没後は哀悼を捧げられる。故人の偉大さが窺われる[24]。

○『図画新聞』丁未年（光緒三十三年［1907年］）十一月份「仰止情深」
　署浙撫信懷民中丞、勤政愛民、循声卓著。此次銀公司逼勒借欵、中丞力主抵拒、為民請命、曾專摺具奏。備極沈痛、洋洋数千言。慈宮閲之大為動容、茲已交卸篆務於馮中丞、不日入都。邦人士深感去思、擬於省城隙地、建立銅像、永誌弗諼。

　浙江代理巡撫信懷民氏は、政務に勤しみ、民草を慈しみ、その循良の聞こえは際立つものがある。このたびの金融連合による借款の強要に対し、巡撫は拒絶することを主張し、民の生活を慮った結果、ついには上奏文をしたため具申するに至った。その言説たるや内容極めて沈痛、洋々数千字に及ぶ雄編であった。皇太后陛下がご覧になったところ、いたく心を動かされ、ここに巡撫は職務を馮汝騤氏に引き継いだうえ、日ならずして上京の運びとなったのである。浙江省の人士は深く感謝し、「去思」の念（徳政を布いた地方官が離任する際にその土地の人士が示す思慕の情）に駆られ、省城の空き地に銅像を建立し、永くその功績を

図10　『図画新聞』丁未年十一月份の記事

記し留めることを考えているという[25]。

これらの事例は、中華王朝体制において培われ、繰り返されてきた「コメモレイション」が「銅像」という新式の「コメモレイション」にスライドしたパターンとして捉えることが可能であろう。

張百熙は、義和団戦争以降に清朝が生き残りを賭けて計画、実行した政治改革である光緒新政の立案者のひとりとして、また、実務においては、管学大臣として教育制度の刷新に、郵電部尚書として郵便、通信行政に手腕を揮った大官である。光緒三十三年二月十七日（1907年3月31日）のその死去に当たっては、朝廷より、官位の追贈、諡号の授与等の功臣に対する定式化された恩典が施された[26]が、それに引き続いて期待される祠堂等の顕彰施設の建設の代わりに銅像の制作と建立が関係者によって計画されたのである。

一方、信勤（懐民はその字）の場合は、従来、地方において繰り返されてきた離任する／した地方官の徳政に感謝する「コメモレイション」行為（例えば、「万民傘」、「徳政牌」を贈る、「去思碑」を建てる——記事中の「去思」という言葉はそれを意識したものである）として銅像建立が選択されたものである。

王朝体制のなかで形成、維持されてきた「コメモレイション」の制度、方式の存在が、本来他者のそれであった「銅像」を中華の地に立てることを可能にしたという点においては、これらの事例は、先に明らかにした李鴻章像の来華と受容を可能にした状況と等しい関係にあるということができる。しかし、李鴻章像は、あくまでも他者が他者の論理に基づいて作り上げ、中華の地にもたらしたものであった。それに対し、張百熙、信勤の場合、銅像制作は、中国人によって主体的に選択された行為となっていた。つまり、銅像自体がすでに自己化されていたのである。

かくして、今度は、故郷に帰り着いた李鴻章の銅像が、新たな「分身」を産み出すことになったのだった。清朝末期の中国人達は、李鴻章の銅像

とのほぼ偶然ともいえる出会いを通し、多分に経験的な理解ではあったが、西洋世界で形成された「コメモレイション」の方式を受容していったのである。

　その後、中国も同時期の西洋世界同様、「銅像」の時代を迎えることになる。
　尹村夫、余芷江氏がまとめた資料[27]からは、上海だけでも、辛亥革命後から新中国成立までの期間に7体の中国人の銅像が建立されたことが判るが、ここでは、両氏の資料に見えず、かつ、上海において清朝崩壊以前に計画された唯一の銅像と思われる曾鑄の銅像について取り上げ、その特徴を分析してみたい。

○『図画日報』第1号　宣統元年七月一日（1909年8月16日）「曾少卿銅像巍巍」
　上海已故商董曾少卿君因抵制美貨一事、得享盛名。而商学界及各項慈善事業、亦熱心提倡、無役不従。歿後数年、流風未泯。茲由滬上同人糾集鉅資、倩滬南求新廠鑄就紫銅質之遺像、約長六尺。聞造成後、擬安置於貧児院前、以伝流後世永為紀念云。

　　いまは亡き上海商務総会会董、曾少卿氏はアメリカ製品ボイコット運動指導の一事をもって有名であるが、経済界および各種の慈善事業においてもまた熱心な指導者として活躍し、どのような仕事でも進んで引き受けたのだった。没後数年を経ても、その遺風は人々に仰がれ続けている。ここに上海の有志が巨資を集め、求新鉄工廠にて銅製の遺像を鋳造することになった。像高約6尺（2メートル）の規模である。聞くところによれば、完成後は貧児院の前に建て、後世にまで伝え永遠の記念とするつもりだという[28]。

図11 『図画日報』第1号の記事

　曾鋳（少卿はその号）は、清朝末期の上海で、民族資本家として、また慈善事業家として活躍した人物である。海外貿易や企業経営、投資によって大工商資本家となった曾鋳は、上海経済界のリーダーとして中国の経済的権益の保護（記事にいう、アメリカ製品ボイコット運動——1904年のアメリカ政府による移民制限法の延長に対する抗議運動の主導もそのひとつ）に奔走する一方、様々な慈善事業（記事にいう、貧児院の開設もそのひとつ）にも私財を投じて携わった[29]。こうした功績が、光緒三十四年三月（1908年4月）のその死後、地元の有志達に彼の銅像制作を計画させることになったのである。

　この計画は、形式面から捉えれば民間人による民間人が民間の事業として行ったことに対する「コメモレイション」行為である[30]。それに対し、これまで取り上げてきた中国における「銅像」の受容、すなわち李鴻章像の移設、張百熙像、信勤像の制作は、いずれも中華王朝体制に裏打ちされた「官」の権威の存在を前提に成り立っていたものであった。曾鋳の銅像

とは、「銅像」が、それを中国にもたらすことを可能にした「官」の権威を早くも振り切って、より広範な人々のもとにみずからを解放した地平に「立った」ものだったのである。

　他者の手になる中国人の「身体」を取り戻すことによって一旦達成された「銅像の自己化」は、ここに至ってさらにもう一段深化することになったのである。

　しかし、だからといって、中国人にとっての「銅像」が完全に政治権力から自由になることはあり得なかったのも事実である。

　それはまさに、イギリスにおいて、「銅像」が、その対象、設立主体いずれの面においても政治権力から遠ざかる傾向を強めながらも、一方で、政府の管理を受け[31]、また、そもそも「偉人のコメモレイション」が「ナショナル・アイデンティティの強化、涵養、すなわち国民国家形成の手段のひとつであることを期待された政治的色彩の色濃い流行」であったことから容易に推測できるように、やがて政治権力に回収されてゆくことになるのである。

　具体的には、曾鑄の銅像が計画されてから程なくして成立した中華民国において「銅像」は新たな使命を与えられて中国の各地に佇むことになるのだった。その段階に至って初めて、他者によって作り成された「銅像」が本質的に孕む「身体」の「政治」化の意味と機能が、真に中国人に学び取られてゆくことになるのである。

注
1　上海環球社編集発行、宣統元年七月一日（1909年8月16日）創刊。
2　『図画日報』については、上海古籍出版社影印版（1999年　上海）を使用した。
3　第2章、注12参照。
4　李鴻章とクルップ社との関係については、以下の研究を参考にした。
　諸田實『世界企業3　クルップ　ドイツ兵器王国の栄光と崩壊』（東洋経済新報社　1970年　東京）第7章、大砲王の晩年。
　ウィリアム・マンチェスター（鈴木主税訳）『クルップの歴史』（フジ出版

社　1982年　東京）5、わが軍の戦果を見たまえ！。
　　喬偉、李喜所、劉曉琴『德国克虜伯与中国的近代化』（天津古籍出版社　2001年　天津）。
5　前掲『世界企業3　クルップ　ドイツ兵器王国の栄光と崩壊』第5章、クルップ砲の登場、第8章、クルップ・コンツェルン、『クルップの歴史』5、わが軍の戦果を見たまえ！。
6　光成雅明「銅像の貧困──19−20世紀転換期ロンドンにおける偉人銅像の設立と受容」（阿部安成等編『記憶のかたち　コメモレイションの文化史』［柏書房　1999年　東京］所収）、前掲『クルップの歴史』5、わが軍の戦果を見たまえ！。
7　森村敏己編『視覚表象と集合的記憶　歴史・現在・戦争』（旬報社　2006年　東京）第Ⅰ部、第1章、歴史研究における視覚表象と集合的記憶。
8　9　注6に同じ。
10　張德彞『航海述奇　八述奇』（『稿本航海述奇匯編』［北京図書館出版社　1997年　北京］所収）光緒三十二年一月二十八日丙申の条。
11　『光緒朝東華録』巻170の光緒二十七年九月己丑の項に「諭……予諡文忠、追贈太傅、晋封一等侯爵、入祀賢良祠、以示篤念藎臣至意。其餘飾終之典、再行降旨。」とある。
12　『同』巻170の光緒二十七年十月甲午の項に「諭……前已加恩賞卹、予諡文忠、追贈太傅、晋封一等侯爵、入祀賢良祠。著再賞銀五千両治喪、由戸部給発。原籍及立功省分著建立專祠、並将生平戦功政績、宣付国史館立伝、霊柩回籍時沿途地方官妥為照料。」とある。
13　『同』巻170の光緒二十七年十一月乙亥の項に「奕劻奏……伏査京城内外無漢大臣祠宇、良由漢大臣原籍既不在京、京師又非立功之地、是以故事無有。惟去年之乱、為我朝二百余年未有之変。全権大臣持危定難、恢復京輦、亦我朝二百余年未見之功。故相以劳定国、以死勤事、又始終不離京城、自非尋常勲績可与比例。不揣冒昧、籲懇奏請逾格恩施、准於京師地面、建立該故相專祠、列入祀典、春秋官為致祭。」とある。
14　〔清〕王鍾纂、〔清末民初〕胡人鳳統纂『法華郷志』巻7、寺観（『中国地方志集成　郷鎮志專輯1』［上海書店　1992年　上海］所収）。
15　例えば、以下に引くような上海掌故類中に見られる記載は、その代表的なものである。
　　○姚公鶴『上海閑話』（1917年刊、いま、上海古籍出版社版［1989年　上海］による）
　　　上海著名之銅像、連新鋳之赫德像凡四。南京路（即大馬路）外灘之巴夏礼、

以英領事涑升駐京公使、於英人頗尽力、彼族之功人也。法租界公館馬路（即法大馬路）総巡捕房門首之卜華徳、以法水師提督、助前清勦髪逆、陣亡蘇州南橋地方、此似為前清平乱之功臣。惟法人所以鑄此銅像、則別有故。当太平軍薄附上海時、卜華徳率領洋兵代清逆撃、政府因以小東門一帯地、闢法租界以酬其労。嗣卜華徳出征離滬陣亡、法人追念開闢法界之功、置像以表紀念、実亦彼族之功人也。此外則李公祠之李文忠像、二馬路外灘新建之赫徳像。鑄像原因人所共知、茲不贅。

○陳伯熙編著『上海軼事大観』（1924年刊、いま、上海書店版［2000年　上海］による）「銅像小志」

　滬人之称銅像曰銅人、蓋在昔見所未見、普通心理、以謂非仏非神、称之曰銅人可也。滬地之銅像凡四、茲略述其始末如下。

　一　巴夏礼像、像在英租界大馬路口浦灘畔、西向直立、手持巻冊状。巴夏礼以英領事昇任駐京公使、当清政府攘夷時代、巴使曾被囚（見英人所著『清室外記』）、英人以有功於彼邦、立此像以紀念之。

　二　卜華徳像、像在法租界大馬路自鳴鐘総巡捕房之庭中、南向直立、旁有砲一尊。卜氏為法之水師提督、前清時以助勦太平軍陣亡蘇州、有功於清廷。当太平軍之来襲上海也、卜氏率領洋兵撃退、事平以小東門一帯之地闢為法租界以酬其労、法人之立此像、蓋亦表念其功績也。

　三　李鴻章像、像在徐家匯李公祠、翎頂行装、腰懸宝刀、座有銅銘、多頌揚辞、為徳国克虜伯廠所鑄贈。其事跡為人所共知也。

　四　赫徳像、像在英租界三馬路外灘、北向立、両手後彎、背作傴僂状。赫氏任中国税務職数十年、凡税務、航政、郵務諸大政均為赫氏所議挙辦、清廷頗倚重、授以職銜。赫氏在京時、嘗服満清衣冠入覲、其子工八股試帖、曾入国子監肄業。赫氏没後、政府以其有功於吾国、鑄像以紀念之。聞像之北向立者、示其望北闕而感恩也。

16　薛理勇主編『上海掌故辞典』（上海辞書出版社　1999年　上海）「銅人碼頭」の条に「(巴夏礼) 1885年死於北京。鑑於巴夏礼対上海租界発展之"貢献"、1890年上海租界的僑民集資為他建立銅雕像。該雕像樹立在南京路外灘、而上海人不知這位外国佬為誰、直呼之為"銅人像"、於是臨江的碼頭就被叫作"銅人碼頭"。」とある。

17　例えば、『申報』は以下のように除幕式の数日前から連日の関連報道を続けている。

　○『申報』光緒三十二年正月二十六日号第一版、および二十七日号第一版「李文忠銅像入祠広告」

　敬告者、月之廿八日午後四時鐘為李文忠公銅像入徐家匯専祠開幕之吉日、

凡寓滬官商士庶如発束奉邀有未週及者届時均請光臨同観盛挙　公啓。
○『申報』光緒三十二年正月二十六日号第十一版
「定期迎送銅像」
　　徐家匯李文忠公専祠、近有洋商信義董事満徳、李徳、包爾、羅先苞諸君鋳一李文忠公銅像、定期二十八日迎送入祠供奉。
○『申報』光緒三十二年正月二十九日号第十一版
「銅像入祠志盛」
　　昨為信義洋行西董迎送李文忠公銅像入徐家匯専祠之期。李伯行京卿在祠盛設中西筵席款待来賓。本埠中西官紳之到祠者頗極一時之盛。新道瑞観察亦於午後命駕至祠行礼。
18　張德彝『航海述奇　八述奇』（注10参照）に「至申刻、共到中国大員、税務司、各国領事、中外紳商、統計八九百。」とある。
19　かつて、「光学」の力を借りて李鴻章の銅像を見た孫宝瑄（本文参照）は、のちに上海において銅像を実見し、祠堂の敷地外からもながめ見ることのできるその偉容についての感想を以下のように日記に書き残している。
　　『忘山廬日記』（光緒三十三年十月）十三日（1907年11月18日）、雨。与渭東談。俄駆車至徐家渭［匯？］、瞻拝李文忠祠。殿宇崇峻、旁有園亭並欧人所鋳銅像在焉。神態宛然、自墻外即遥見之。
　　なお、『忘山廬日記』については、第2章、注11参照。
20　李維清『上海郷土志』（光緒三十三年［1907］刊、いま、上海古籍出版社版［1989年　上海］による）「第十八課　徐家匯」に「徐家匯……又有李文忠公専祠、銅像巍巍、猶有生気、亦一巨観也。」とある。
21　注15に挙げた姚公鶴『上海閑話』からの引用参照。
22　1例を挙げると、柳亜子等によって刊行された反清革命を鼓吹する雑誌、『復報』の第9期（光緒三十三年二月十八日［1907年3月30日］）には、「徐家匯之李鴻章」と題された沸血の手になる以下のような見聞記が載っている。
　　攬噶蘇士之碑、革命之雄心勃発、摩楠正成之像、勤王之思想湧来。東西洋古今一代彪炳之人物、銅像巍峩、令人膜拝者、豈非以其与種族有関係哉。七月第三星期、沸血子午後無事、放眼荒郊、作蘇門之長嘯、一紓我胸中十万塊塁。信歩行来、忽至一処、見崇垣高聳、殿閣矗雲、門有額曰、丞相祠堂。初疑為崇拝漢武侯而建設者、及入門、見一巍然独立之銅像、竟非漢族之衣冠、黒其頂而花其翎、黄袿腰刀、儼然一極大人物。細観像賛、方知即満政府之馴奴、殺同胞以媚異族、二十世紀唯一之大民賊、偽諡文忠李賊鴻章之肖像也。噫、此等怪物、何以留在此地、対此銅像、不禁心有所触。噫、昔、桓宣武有語云、人生天地間、不能流芳百世、亦当遺臭万年。如此民賊者、其流芳耶、抑遺臭耶、

第 3 章　銅像：上海、徐家匯の李鴻章の銅像　　49

請諸君下一転語来。
23　李鴻章の銅像が、やがて上海の名勝と化すことになったことは、以下のような絵入り新聞の「滬浜百景」と題する記事からも判る。
『時事報図画旬報』第 4 期　宣統元年閏 2 月 10 日（1909 年 3 月 31 日）

図12

　なお、『時事報図画旬報』は、宣統元年（1909年）に上海時事報館によって創刊された。本図は、国家図書館分館文献開発中心編『清末民初報刊図画集成』（全国図書館文献縮微複製中心　2003年　北京）所収の影印版による。
24　第 2 章、注11参照。
25　『図画新聞』は、光緒三十三年（1907年）に上海時事報館によって創刊された絵入り新聞である。

26 張百熙の経歴については、『清史列伝』（王鍾翰点校、中華書局版［1987年北京］）巻61によった。なお、張百熙は太子少傅の銜を追贈され、諡号、文達を与えられている。
27 尹村夫、余芷江「上海的銅像」（『上海地方史資料』第1輯［上海社会科学院出版社　1982年　上海］所収）。
28 注2に同じ。
29 曾鋳の経歴については、山田辰雄編『近代中国人名辞典』（霞山会　1995年東京）によった。
30 曾鋳は、各地で頻発した水害に対する義捐金の拠出の功により、朝廷より道員の職位を授けられてはいた。
31 注6光成論文参照。

■第4章

郭嵩燾の肖像画：仮構された「身体」

　林則徐、李鴻章の他にも、遠くロンドンの地にみずからの「分身」を留めることになった天朝の「欽差大臣」がいた。光緒元年（1875年）初代駐英公使（出使英国欽差大臣）に任じられ、前述したようにのちにロンドンのマダム・タッソー蠟人形館において林則徐の「分身」に対面することになった郭嵩燾である。

　蠟人形に作り成された林、李のふたりと異なり、郭嵩燾の場合は、肖像画に描かれる形でその「分身」を異国の地に留めることになった。まず、その経緯を彼が残した出使日記のなかに探ってみよう。

○二月初一日辛巳、為西暦三月初四日。古得曼約為製一小像、因偕至羅甫安得費得非爾得照像館照一像為式。
　　光緒四年二月一日辛巳、西暦1878年3月4日。グッドマンが私の肖像画を制作することになったので、ロック＆ホワイトフィールド写真館に同行し、肖像写真1枚を撮影して「原画」とした[1]。

○廿三日。……便過古得門、見所画小照、全是一種糾糾桓桓之気、与区区気象不相類。其母画理稍深、稍為修飾之、然其底本規模固不能易也。
　　光緒四年二月二十三日（1878年3月26日）。……（上院議事堂に赴く）道すがら、グッドマンの所に立ち寄り、制作中の肖像画を見る。全体的に勇壮な気配が漂い、小生本来の気質風格とは相異なる。下絵の段階では西洋画的表現手法がやや強く出ていたため、少し修正を施したのだが、当初において決まってしまった雰囲気はどうにも変えられぬ

ようである[2]。

〇廿六日。……赴古里門、西法里爾両画師処。古里門為予作小照、中国画家所不及也。

　光緒四年二月二十六日（1878年3月29日）。……グッドマン、シェーファー両画家のもとを訪れる。グッドマンは私のために肖像画を描いてくれている。その技量たるや中国の画家の及ぶところではない[3]。

　グッドマン（Goodman）の絵筆によって命を与えられつつあるみずからの「分身」に何度か対面し、断片的な感想を残したのち、郭嵩燾は、それがいずれロイヤル・アカデミー（Royal Academy of Arts）へ送られること、そしてグッドマンもそこの学生であることを知らされる[4]ことになる。「分身」は、産まれ落ちてもすぐには彼のもとへは帰ってこないというのである。

　ロイヤル・アカデミーとは、1768年に時の国王、ジョージ3世の許可を受けて設立された「同時代画家の発表の場と美術教育を提供することを2つの柱と」する組織で、毎年夏に開催される大展覧会（Summer Exhibition）は、「当代英国作家による唯一の展覧会」として大きな関心と多くの入場者を集める一大イベントとなっていた[5]。

　果たして、翌月、郭嵩燾の肖像画は展示のためにロイヤル・アカデミーへ送られることとなる。

〇初六日……古得門来言、阿咯得密西安以所画置之羅亜爾咯得密画館、並於今日預備邀至為首者数人家一観……歳以西暦五月初一日開画館、閲六月始畢。古得門為予作小照亦送置画館。

　光緒四年三月六日（1878年4月8日）……グッドマンが来訪。アカデミー会員が作品をロイヤル・アカデミーに納入し、今日は展示委員数名を招いての鑑賞会が行われる予定であると語る……ロイヤル・アカデミーの展覧会は毎年陽暦の5月1日に始まり、6ヵ月の長きに渡っ

第4章　郭嵩燾の肖像画：仮構された「身体」　53

て続く。グッドマンが私のために描いてくれた肖像画もまたそこで展示されるという[6]。

　かくして郭嵩燾の「身体」も、林則徐や李鴻章同様、みずからの意志に関わりなく、異国の地で多くの見知らぬ人々の視線を浴び続ける運命を背負うことになったのである。
　その後、郭嵩燾は、グッドマンにともなわれてロイヤル・アカデミーを訪れることになる[7]が、残念なことに、衆目のもとにさらされるみずからの「分身」に関しては何も感想を書き残していない。また、ファインアートの形式で天朝の「欽差大臣」の姿をながめることになったイギリス人達の反応についても直接それを示すような資料は現在までのところ見出せていない。
　しかし、だからといって、ロンドンにおける郭嵩燾の肖像画の制作を出使欽差大臣の行状のひとコマとしてのみ片付けてしまうのは早計であろう。というのも、この出来事が、「肖像」＝人物の顔立ち、姿を写し取る、という「身体」の存在を前提とする根源的性格によって、ある騒動を惹き起こすことになったからである。

　郭嵩燾がロンドンの地で肖像画に描き成され、さらにはそれが展覧会で展示されたという出来事は、数ヵ月のちには中国へ伝えられることになった。伝えたのは、当時、創刊後6年を経過し中国を代表する新聞メディアへと成長しつつあった『申報』である。
　中国から初めて西洋世界へ派遣された外交官の動静も早速世界規模で共有される状況にあったことは、それ自体が十分興味深いことがらなのであるが、ここで問題にしたいのは、『申報』が報じた記事の内容である。
　光緒四年六月二十日（1878年7月19日）付の『申報』第1912号は、「星使駐英近事」のタイトルのもと「郭嵩燾の肖像画」について以下のような記事を掲載した。

○星使駐英近事

英国各新聞紙言及中朝星使事、毎渉詼諧。近閲某日報言、英国近立一賽画院、中有一小像、儼然中朝星使也。拠画師古曼云、予欲図大人小像時、見大人大有躊躇之意、遅延許久、始畧首肯。予乃婉曲陳詞、百方相勧、大人始欣然就坐。予因索観其手、大人置諸袖中、堅不肯示。予必欲挖而出之、大人遂愈形跛踖矣。既定、大人正色言、画像須両耳斉露、若只一耳、観者不将謂一耳已経割去耶。大人又言、翎頂必応画入。予以頂為帽簷所蔽、翎枝又在脳後、断不能画。大人即俯首至膝、問予曰、今見之否。予曰、大人之翎頂自見、大人之面目何存。遂相与大笑。後大人議願科頭而坐、将大帽另絵一旁。予又請大人穿朝服、大人又正色言、若穿朝服、恐貴国民人見之泥首不遑矣。遂不果服。以上皆画師古曼所述、而該報又言、画既成、大人以惟妙惟肖甚為欣賞、并欲延古曼絵其夫人云云。

イギリスの新聞においては、本朝より赴いた公使に話が及ぶ場合、諸謔の気味を帯びるのが常である。近頃眼にした某紙に次のような記事が掲載されていた。最近開館した美術館に１枚の肖像画が展示されており、中国の公使に生き写しの出来映えである。この作品に関しては、作者のグッドマンが次のようなことを述べている。私が肖像画を描くことを申し出た時、閣下はおおいに躊躇され、しばらく考え込んでからようやく僅かに首を縦に振られた。そこで、私が婉曲に言辞を連ね、あれこれ手を尽くして説得すると、閣下はついに欣然として座に着かれたのだった。私が閣下の手を拝見したいと申し上げると、閣下は手を袖のなかに仕舞い込んで堅く拒まれたので、私が袖を探ってでも手を外に出そうとしたところ、閣下は顔に不安の色を濃く浮かべられた。ややあって気持ちが落ち着かれると、閣下は真剣な表情で、肖像画を描くに当たっては是非とも両耳が見えるようにしなければならない、もし片耳だけが描かれてしまうと、絵を見たものが私のことを耳が削ぎ落とされた人物と思いはしないか、とおっしゃった。さらに閣下は、（位階勲等を表わす）礼帽の翎子と頂戴も必ず描き入れるようにと主張された。私は、頂戴は帽子の縁に隠れて見えませんし、翎子も頭の

後側に位置しているのでどうにも描くすべがございませんと申し上げた。すると閣下は膝に頭を着けるように体を折り曲げられ、これで見えるようになったか、と私にお尋ねになった。私が、もちろん閣下の翎子と頂戴は見えるようになりましたが、今度はお顔をどのように描けばよろしいのでしょうか、とお答えしてふたりで大笑いとなったのち、閣下は無帽となってもかまわないから礼帽を自分の傍らに描き入れることを提案された。加えて私が、閣下に朝服をお召し頂けないかとお願いしたところ、閣下は再び真剣な表情になられて、もし朝服を着用したならば、この絵を前にした貴国の民はみなひれ伏したまま頭を挙げられなくなることだろう、とおっしゃられ結局この要望は容れるところとはならなかった。該報は、さらに次のようにも報じている。肖像画が完成すると、閣下はその迫真の出来映えに大変満足されるとともに、グッドマンを公使館に招き、夫人の肖像画を描かせようとしている、云々[8]。

確かに記事のトーンは「諧謔の気味を帯び」たものであるが、ここでいま注目すべきは、その内容が、キャンバスを前にした郭嵩燾の様子をふたつの相において捉えていた点である。

怯えにも似た感情を露わにしながら、ぎこちなく画家の前でポーズを取る郭嵩燾と天朝の「欽差大臣」たるみずからの権威・権力を強烈に意識、主張する郭嵩燾。「身体」を写し取る「肖像画」という装置にさらされた時、郭嵩燾の身体的自己意識はふたつに引き裂かれてしまうことになった、と記事は述べているのである。

その時郭嵩燾に生じることになったふたつの身体的自己意識を改めて簡潔な言葉で表現し直すならば、他者によって自己が2次元に写し取られることをきっかけに析出した私的でか弱い生物的身体と公的で権威的な政治的身体ということになるだろう。

以下、それぞれの身体の意味、内容についてもう少し分析の筆を加えてゆくことにしたい。

肖像画の制作が開始されるに当たって、郭嵩燾が最初に示した身体的反応は、手すら露わにしない——もちろん顔は致し方ないとして——という態度、すなわち肉体の露出に対する強度の拒絶であった。

この態度の背景には、生身の身体が写し取られることに対する恐怖心があったと思われる。

近代の初頭、写真撮影を「魂が吸い取られる」として敬遠する風潮があったことは、新来の身体の複製技術に対する半ば伝説化した日本人の反応であるが、同様の感情は写真技術の発明と伝来を待つことなく中国にも存在していた。例えば銭鍾書氏がいくつもの例を挙げて明らかにしているように、かつてより中国においては、生き物、とりわけ人間の姿が画像、鋳像や鏡像などにそっくり写し取られると、その魂までもが奪い取られてしまうと信じられていた[9]のである。

さらに、郭嵩燾が示した態度の背景として、当時の中国における肖像画の一般的な意味、機能を指摘することができるかもしれない。中国においても古代から肖像画は様々な目的に応じて制作され続けてきたが、明代以降には祖先の祭祀に使用するための——すなわち、故人のよすが、身代わりとするための肖像画が盛んに描かれるようになったとされている[10]。

グッドマンを前にした時に見せた郭嵩燾の「躊躇」の理由としては、そうした自国の肖像画が根源的に漂わせる「死」のにおいを読み取ることもできるだろう。

郭嵩燾が恐れを抱いたことは他にもあった。耳が片方しか描かれないことへの不安である。

この不安は、序章の冒頭部で取り上げ分析した中華人民共和国建国期の毛沢東肖像画に纏わる逸話を思い出させる。それは、1950年代初頭に天安門に掲げられた毛沢東の肖像画にもポーズ上耳が片方しか描かれなかったため一般大衆から不安、不満が寄せられ、ついには両耳が見える正面像に描き直された、というものだった。

もちろん斜め横向きの肖像画をながめて、毛沢東の片耳がすでに失われてしまったと考えるものがいるはずはない。すでに明らかにしたように、

第4章　郭嵩燾の肖像画：仮構された「身体」

　毛沢東肖像画における片耳問題とは、身体の政治化の観点から捉えるべきことがらであり、また、本書自体も、そこを出発点に中国近代における身体と政治の関係を解明するための旅に出ることになったのだった。
　それに対し、郭嵩燾肖像画の片耳問題は、毛沢東のように政治化して捉える必要はない。郭嵩燾の場合は、写し取られた身体が生身の身体として受け止められてしまうことを恐怖したのである。「割去」という表現から想像できるように、おそらく郭嵩燾は、他者が自分のことを「刵刑」＝耳削ぎの刑に処せられた罪人であると誤解することを危惧したのであろう。だからこそ、郭嵩燾がこれから写し取られることになるみずからの身体を顧みた時、その身体は天朝の権威・権力を文字通り身に纏う政治的身体へと反転したのである。それはまた、ぎこちなく萎縮した身体が、もうひとつの「身体」によって乗り越えられ、解放された瞬間でもあった。
　結局、郭嵩燾にとって、異国の地における肖像画の制作の経験は、1体の「分身」を作り出すという本来的な目的、技術的テーマを越え出て、自身の「身体」が持つ様々な相――卑小さ、尊大さ、民俗文化、政治性――を意識させ、顕現させる契機として作用したのである。いわば、「分身」がさらなる「分身」を産み出したのである。

　ところで、この極めて興味深く読み解くことのできる「肖像画」を巡る物語は、これで終わりを告げた訳ではなかった。というのも、この記事こそが、先述したようにある騒動の発端となったからである。
　ロンドンにおいて、約2ヵ月後に「星使駐英近事」が載る『申報』を手にした郭嵩燾は激怒した。その理由は記事の内容が彼を「訕侮（嘲笑し軽侮）」するものだったからである[11]。郭嵩燾の怒りは、その時限りで収まることなく、真の責任者の追及と記事の元になったイギリスの「某日報」の探索の努力を執拗に続け、ついにはその離任帰国後ただちに上海において西洋人弁護士を雇い、『申報』を相手取っての訴訟を決意するまでエスカレートしてゆく[12]ことになる。
　この『申報』側においても創業初期の訴訟案件として記憶されることに

なる「郭嵩燾画案」の顛末については、本人の出使日記や専著の該当項目[13]に譲りこれ以上詳述することは避けるが、確かに記事の内容は郭嵩燾にとって不本意なものであったといえよう。というのは、先に引いた光緒四年二月一日付の日記に記されているように、肖像画の制作に取り掛かろうとするグッドマンに対し、郭嵩燾は「原画」として自身の肖像写真を手渡していたからである。つまり、記事が伝えたような形で郭嵩燾がキャンバスに向いポーズを取ることはそもそも必要なかったのである。

　それでは、『申報』の記事は全くの捏造であり、先に試みた私の読解作業も無駄な努力であったということになるのだろうか。

　実は、記事の内容には基づく事実があったのである。それは、郭嵩燾に「三等翻訳官」として随行した張徳彝が残した記録から知ることができる。張徳彝は、みずからの日記の光緒四年八月二十日の条に、すなわち郭嵩燾が初めて件の記事を眼にした5日後に、肖像画が制作されることになった経緯とその後のグッドマンに対する郭嵩燾の対応についての記憶を次のように書き付けていた。

○二十日丁酉、晴。去歳劉星使未往徳時、曾同郭星使入御画閣観画。劉星使見懸有天主母画一幅甚佳、問価則七十鎊。回寓後、劉星使令馬清臣代覓画工精而価廉者、摹倣一幅、迨七八日後、馬友某薦来画師顧曼、言定工価二十鎊、画幅長四尺、寛二尺。月余造成、値雖付訖、而劉星使已去。郭星使聞之索観、及見、則亟賞之。令二武弁昇至楼上、与内眷看而留蔵之。顧云、既蒙奨飾、情願恭絵尊照、不論画工、只賜筆費足矣。星使聞之喜曰、画固所願、無如不耐久坐。顧云、請先以照相作藍本。及取而観之、不以為可、請另照以為楷模。次日星使率馬、顧二人往照。星使言頂珠須露、否則人不知為何帽。面不当正、亦不可太偏。迨照成、顧即持往摹画。後請率馬清臣往観二次、着色提神。顧請星使着朝服、星使以朝服近於追影、遂止。画工竣後、適値御画閣開、乃懸諸其内、観者無不嘆賞焉。旋立文普海口画閣又開、遂移於彼、懸掛四十日。後送入公署、問其

価、係顔料費二十鎊、金木框六鎊、星使共給二十鎊、彼此各無異説。不意前於六月二十日、上海申報忽印一段、題云星使駐英近事……。

　光緒四年八月二十日（1878年9月16日）丁酉、晴。昨年、劉錫鴻副使殿が、公使としてドイツに赴任される前に、郭公使殿とロイヤル・アカデミーの展覧会へ出かけられたことがあった。その折、副使殿が、1枚の聖母像の素晴らしさに眼を止められてその価格を尋ねられたところ70ポンドであった。公使館へ帰館後、副使殿は、その複製を作るために、マカートニーに腕が良くて手間賃の安い画家を探すよう依頼された。7、8日後、マカートニーの友人の某氏が画家グッドマンを推薦してきたので、代金20ポンド、画幅は縦4尺、横2尺と取り決めた。絵はひと月余りで完成し、代金も支払ったものの、その時はすでに副使殿はドイツへ去ってしまわれていた。そのことを知った郭公使殿が絵を見たいと仰せになり、実見なさるや激賞された。そしてさらに2名の武官に命じて公使館の2階に運び上げ、奥方にもお見せするとともに手元に留め置かれることとなった。それに対し、グッドマンが、かような栄誉を賜ったうえは、是非とも閣下の御尊像を描かせて頂きたく存じます。報酬は不要で材料費さえ頂ければ結構です、と申し上げると、公使殿は喜んで応じられて、肖像画の制作はもとより望むところなのだが、ずっと座ったままでいるのに耐えられぬ、と告げられた。するとグッドマンが、まず写真を使って下絵をお描きする、という。ところが、グッドマンは、写真を手に取ってながめるや、これは不適当なので撮り直しそれを下絵の手本にさせて頂きたい、と頼んできた。そこで、翌日、公使殿はマカートニー、グッドマンのふたりを連れて撮影に赴かれた。撮影の際、公使殿は、（位階勲等を表わす）頂珠は必ず見えるようにすべきである。さもなければこれがいかなる帽子であるか人は判らぬであろうから。また、顔は正面向きではなく、かといって横を向き過ぎぬように、という注文を付けられた。写真が出来上がると、グッドマンは早速それを持って仕事に取り掛かりに戻っていった。グッドマンは、その後2度公使殿にマカートニー同道での

お越しを請い、彩色を施して絵に命を吹き込んだ。その折、公使殿に朝服の着用を願い出たが、それでは「追影（没後直後に描かれる肖像画）」に似るとして、公使殿は同意されなかった。肖像画が完成した時は、ちょうどロイヤル・アカデミーの展覧会が始まる時期であったため出品したところ、賛嘆の声を上げぬものがない程の評判を博した。

さらに、続いてリバプール展覧会も開催されたので、そこにも出品し、40日間展示した。のちに公使館に搬入された際、その費用をグッドマンに問うと、絵具代が20ポンド、額縁代が6ポンドであった。公使殿は彼に20ポンド支払われた。これらは双方に異論のない事実である[14]。

こののち、日記の記述は、「不意前於六月二十日、上海申報忽印一段（それが思わぬことに六月二十日、上海の『申報』が突如として記事を掲載し）」と続いて、「星使駐英近事」を抄録するのであるが、張徳彝の記憶から明らかなように、肖像画という「分身」を産み出す装置を前にした郭嵩燾は、やはり「身体」的な反応を示していたのである。

しかしながら、この反応は、「星使駐英近事」が伝えていたそれとは異なり、極めて常識的なレヴェルのものであったといえるだろう。

西洋美術における肖像画、とりわけルネサンス期以降のそれは、「画家とモデルの共謀[15]」関係の存在を前提にする芸術形式である。その関係とは、両者の了解のもとに「モデルの本質なり寓意的意味なりを表すために」施される「演出」である[16]と言い換えることもできるだろう。もちろん、画家、モデルそれぞれの立場や身分の違いによって「演出」の主導権の所属先は変化した[17]ことだろうが、肖像画が「つねに、その人がどう見えるかだけでなく、どう見てほしいかを示すもの[18]」であることを意識して制作される絵画であることはその重要な属性である。さらに「演出」に関しては、画家やモデルが「そのつどユニークな趣向を考えるのではなくて、むしろ一定の「型」や「約束事」の効果が活用される[19]」ような暗黙の「共謀」関係の存在も指摘することができる。

要するに、西洋の肖像画には、そうした一種の「制度」の側面が存在し

ていたのである。張徳彝の日記に書き留められていた礼帽の頂珠の見え方や顔の向きについての郭嵩燾の要求は、決して肖像画という「装置」を前にしての過剰な反応であったのではなく、そうした西洋の肖像画を支える「制度」に冷静に対応した反応であったに過ぎないものであり、また、朝服着用の拒否も、民俗文化に基づく禁忌という側面からではなく、同等の意味において、すなわち中国の肖像画の「制度」に則った主張であったと考えるべきことがらなのである。

　肖像画という「装置」にぎこちなく感情的に対峙し、身を捩じらせあるいは権威の鎧を身に纏おうとする郭嵩燾と、肖像画を「制度」として冷静に受け止め、「制度」に見合った「身体」を提供しようとする郭嵩燾。

　結局、遠くロンドンの地で「身体」を写し取られるという出来事を経験した郭嵩燾は、文字に書き留められる段階で、全く相異なる身のこなし、身体的自己意識を示すふたりの人物として記録されることになったのである。

　そのどちらが郭嵩燾の実像であるかについては、これ以上改めて検証する必要はないであろう。しかし、この肖像画を巡る物語には、もう1点明らかにしなければならない根源的問題点が残っているはずである。それは、1枚の肖像画が描かれる過程で相異なるモデル像が立ち現われることになった理由、より端的に表現し直せば、実像とは懸け離れた天朝の欽差大臣像が作り上げられた理由である。

　それを解明することは、さほど難しい作業ではないと思われる。

　「星使駐英近事」がその冒頭部分でやや遠回しに仄めかしていたように、また郭嵩燾の執念によって徐々に明らかになっていったように、記事のそもそもの出所はイギリスの高級紙 *The Daily Telegraph* であった[20]。改めて確認するまでもないことだろうが、遠路はるばる中国からやって来た「欽差大臣」が肖像画に描き成された出来事はまずイギリス人読者のためにイギリス人によって面白おかしく伝えられたのである。

　その内容が、先に私が読解したような観点に立って書かれたものであっ

たか、また、そうであったとしても読者の理解がそこまで及ぶことがあったかについては、残念ながら確かめるすべを持たない。しかし、その動機、行為が当時のイギリスにおける中国観、中国人観に強く影響されたものであったろうことは容易に想像できる。

それはすでに第1章において明らかにした[21]ように「中国、中国人への軽蔑、敵対、嫌悪、違和感を顕にする」「ほぼすべての相において侮蔑的、否定的なものであった」。肖像画自体が、ロイヤル・アカデミーの学生によっていかに素晴らしく——つまり「制度」に則った姿で描かれようとも、当の郭嵩燾本人の「身体」がイギリス人達にとっては情けない、滑稽な姿として書き留められざるを得なかった理由はここにある。「くだらない文明」、「半幼児的文明」を持つにすぎない中国人が西洋美術という高級な「制度」を理解できようはずがないからである。

その時、キャンバスは、「文明」、「進歩」—「野蛮」、「未開」の基準軸によって特徴付けられるヴィクトリア朝の時代精神を確認・固定するための政治的「装置」として機能していたのだった。その「装置」をくぐらせることで、ヴィクトリア時代のイギリス人達は郭嵩燾を彼等にとって望ましく、理解可能な「身体」の持ち主として仮構したのである。

理想的な「分身」の誕生を期待して臨んだ行為が、実は、キャンバスの向こう側に別種の政治化された「理想的」な「身体」を産み出していた——もちろん、かつてマダム・タッソー蠟人形館で林則徐像に対面した際にそれが孕む政治の存在に気付くことがなかったようにみずからはそれを感じ取ることのないままに[22]。

ロンドンの地における肖像画の制作は、結局、郭嵩燾にとってそのような極めて皮肉な経験となったのであった。

注

1　2　3　4　郭嵩燾の出使日記については、これまでと同様、鍾叔河編『走向世界叢書』（岳麓書社　1985～86年　長沙）所収版の『倫敦与巴黎日記』（以

下の注においては『日記』と略称する）を使用した。なお、郭嵩燾によるグッドマンの漢字表記には、古得曼、古得門、古里門、さらには鼓得門等の「揺れ」が見られる。また、のち程引用する張徳彝の日記では、顧曼と表記されている。
5 『日記』光緒四年二月二十六日の条は続けて「両人所作画、並応送羅亜爾咯得密画館、相約一往観。画館地名白林登侯史、蓋英前主若爾治第三所創始……学習於此者、並精画理之人、考覧推求、以致其精、古得門亦尚在学習之列者也。」と記している。
6 ロイヤル・アカデミーに関しては、宮崎直子「ロイヤル・アカデミー　設立とその基本理念について」（『西洋美術研究』第２号　1999年）を参考にした。
7 『日記』光緒四年四月廿一日（1878年6月10日）の条に「古得門陪同至羅亜爾卡得密画館一遊、李丹崖、馬格里二人随行。所張掛約一千六百余幅、云送至之画収蔵其佳者尚三千余幅。西洋於画事考求至精、未易幾也。」とある。
8 『申報』については、上海書店の影印版（1983年～1987年　上海）を使用した。
9 銭鍾書『管錐編』第２冊（中華書局　1986年　北京）太平広記215則のうちの第86則参照。
10 小川陽一『中国の肖像画文学』（研文出版　2005年　東京）第１章、中国文学と肖像画。
11 『日記』光緒四年八月十五日（1878年9月11日）の条に「接到上海文報局六月廿八日由法公司船逓到八十七号包封、内総理衙門第廿七号信並咨四件、合肥伯国咨一件、並見申報載古得曼一段議論、意取訕侮而已……此行多遭意外之陵侮、尤所茫然。」とある。
12 『日記』光緒五年三月初六日（1879年3月31日）の条に「禧在明致領事達文波之意、告知申報館梅渣於両次申報皆自承認、以為此遊戯之文而已、無足深論。達文波告以君自遊戯、一経按察司訊断、恐獲罪非軽。梅渣一意枝梧。達文波之意、亦以為非経律師料理、未足以折其気。初属泳清邀陳輝廷商令寓書詰問梅渣、至是径須令律師為之。唐景星言坦文声名高出鼾林、然予在倫敦曾与坦文商辦一事、知其筆墨見解並猥下、無異人処、鼾林則所不能知也。然景星久与洋人交渉、所見必稍能得其真、不能不聴従料理。非与梅渣校論得失、但欲窮知造謡之源而已。」とある。なお、この郭嵩燾の決意は、『申報』側の謝罪と謝罪記事の掲載という一定の決着をもたらすことになった。『日記』同十八日（1879年4月12日）の条に「申報館梅渣自知去歳六、七両月所列画照、茶会二事、於西洋律応得科罪、邀求英領事達文報［波］為之解説、願解明前誤、登列新報。」とある。
13 管見の及んだ限りでは、「郭嵩燾画案」の詳細な顛末を記した最初の文献は、

姚公鶴の『上海閑話』(1917年刊、いま、上海古籍出版社版 [1989年　上海] による) である。その他、『申報』と「郭嵩燾画案」の関係を論じたものとして、宋軍『申報的興衰』(上海社会科学院出版社　1996年　上海) 2、早期社会新聞与社会糾葛と馬光仁主編『上海新聞史』(復旦大学出版社　1996年　上海) 第1章、近代報業的創世記、第6節、《申報》出世、2、社会新聞的禍与福が、また、郭嵩燾自身と「郭嵩燾画案」の関係に触れた研究として、汪栄祖『走向世界的挫折——郭嵩燾与同光時代』(東大図書股份有限公司　1993年　台北) 第24章、初返春申追訴申報があり参照した。

14 　張德彝『随使英俄記 (四述奇)』。同日記については、鍾叔河編『走向世界叢書』(岳麓書社　1985〜86年　長沙) 所収版を使用した。

15 　ピーター・バーク (諸川春樹訳)『時代の目撃者——資料としての視覚イメージを利用した歴史研究——』(中央公論美術出版　2007年　東京) 第1章、写真と肖像画。

16　17　18　高橋裕子『イギリス美術』(岩波新書　1998年　東京) Ⅲ、人間への飽くなき関心・肖像画。

19 　黒田日出男責任編集『歴史学事典　第3巻　かたちとしるし』(弘文堂　1995年　東京) 肖像 (西洋の) 項。

20 　やや詳しく述べれば、*The Daily Telegraph* に載った記事を上海の英字紙 *North China Daily News* (字林西報) が転載し、それを『申報』が訳載したことが明らかになっている。

21 　以下に述べる、19世紀後半のイギリス社会における中国観、中国人観に関しては第1章、注9参照。

22 　『日記』光緒四年九月初十日 (1878年10月5日) の条に「然則恐此段申報、出自劉和伯之請託也。人心険悪、豈有窮哉」とあるように、郭嵩燾は、『申報』による「星使駐英近事」の掲載を対立関係にあった副使劉錫鴻が関与したもの、すなわち、自国内の政治的、思想的対立の産物としては捉えていた。

■第5章
その後の郭嵩燾の肖像画：
統一される「身体」

　結局、郭嵩燾は、グッドマンに描かせた肖像画を異国の地に残したまま帰国したようである。

　郭嵩燾が、事実上の更迭によってロンドンを離れ帰国の途に就いてからおよそ半年後のこと、郭の随員としてともにロンドンに赴任し、後任の劉錫鴻公使のもとでも参賛（書記官）の職に留まっていた黎庶昌は、休暇を得ての南欧旅行の途次においてかつての上司に思いがけない形で対面することになった。その様子を彼は日記のなかに次のように記録している。

○『西洋雑志』「西洋遊記第四」
　（光緒五年七月）二十日、韓伯理之友、意大里人名格頼亜義、固邀至韓伯理家。適韓伯理避暑、挙家外出、格頼亜義代為主人、備極款洽。壁間懸有郭星使油画像、係英国画師古得曼之筆、前此上海申報館有所刺譏、星使行文詰問者是也。不意於此得見。

　　光緒五年七月二十日（1879年9月6日）、ハンブリーの友人、イタリア人のグリアーニも当日ハンブリー宅に招かれていた。たまたま、ハンブリーが避暑のため、家族ともども留守であったので、代わりにグリアーニが接待役を買って出たが、そのもてなしは誠に心の籠もったものであった。壁に郭（嵩燾）公使殿の油彩肖像画が懸かっていた。イギリス人画家グッドマンの手になるもので、かつて、上海の申報館が揶揄し、公使殿が文書にて詰問する騒動を惹き起こしたのがこの絵である。こんなところでそれをながめる機会を得ることになろうとは[1]。

　文中のハンブリーとは、上海で公平洋行（Probst, Hanbury (China)

& Co., Ld.）を営み不動産業で成功を収めたイギリス人、トーマス・ハンブリー（Thomas Hanbury）[2]のことで、ロンドン駐在中の郭嵩燾が厚い信頼を寄せていた人物である[3]（この時、ハンブリーも事業を人に任せ、上海から帰国していた[4]）。郭嵩燾の日記によると、ハンブリーは退任が決まった郭に、帰国時、南仏にある彼の邸宅に立ち寄るよう勧めている[5]。おそらく、その時に郭がハンブリーに件の肖像画を贈呈し、後日、ハンブリー邸を訪問した黎庶昌がそれをながめることになったのだろう。

　みずからの意志で産み落とし、またみずからを悩ませる結果をもたらした「分身」を故国に連れ帰らなかった理由について、郭嵩燾は何も語っていない。単純に考えて、多分に悪意をもって「仮構」された事実とは異なる姿としてではあれ、マスメディアを通じて己の情けない「身体」を衆目のもとにさらすきっかけを作ることとなった肖像画が、彼にとって禍々しい「分身」であったことは間違いない。しかし、そうでありながら、それを破却もしくは隠匿することなく、よき理解者、友人のハンブリーに贈呈したのは、肖像画が彼自身には極めて満足のゆく出来映えであったからであろう（肖像画自体に対する郭嵩燾の評価については、前章参照のこと）。

　この愛憎半ばするアンビバレンツな感情とは、前章の末尾において明らかにしたような、当時、非西洋人が西洋の地でファインアートとしての肖像画を制作する行為が結果的に産み出した2体の「理想的」な「身体」——1体は、ヴィクトリア朝の時代精神にとって望ましい「身体」、もう1体は、天朝の「欽差大臣」に相応しい「身体」——の存在によって生じたものであった。そして、この郭嵩燾の「身体」の分裂をもたらした、「身体」を写し取る側（もちろん、この場合、正確には画家グッドマンの論理ではなく、文明論的優位性を前提に郭嵩燾＝中国を解釈する立場に立ち肖像画文化を行使する側の論理である）と写し取られる側の論理のズレを産み出したものの正体として「政治」を見出すことができるであろうこともすでに前章において述べた通りである。

　前者の論理に関して、郭本人の理解がその本質にまで及ぶことはなかったのだが、それでも、仮構されたみずからの「身体」が、自分とイギリス、

第5章　その後の郭嵩燾の肖像画：統一される「身体」　67

そして中国の不特定多数のまなざしの間に「見る」―「見られる」の関係を擬似的に作り上げ、欽差大臣たるみずからの権威と欽差大臣を遣わした天朝の権威を突き崩す結果をもたらしたことに気が付いた時、彼は自分でありながら自分の意のままにならぬ「分身」を再びみずからのコントロールのもとに取り戻そうと試みることになったのである。

その手立ては消極と積極ふたつの方向性を取って講じられた。

肖像画をハンブリーのもとに留め置いたのは、ふたつに分裂してしまったみずからの「身体」の統一を我が実像を知悉するものと信頼できるひとりのイギリス人の手に委ねることによって図ろうとしたややナイーブな行為といえよう。

それに対し、上海帰着後、ただちに西洋人弁護士を雇って着手した『申報』に対する法的処分の申し立てとは、結果的に、勝手にみずからの「身体」を仮構したそもそもの張本人たる西洋文明に西洋文明内の制度を利用して対抗するという積極的な行為であった。

これら消極、積極ふたつの手段を講じることは、肖像画を不特定多数のイギリス人達のまなざしから物理的に切り離し、また、不特定多数の中国人達のまなざしから法的に救い出すということを可能にするだろう。

こうしてようやく、郭嵩燾は、他者によって作り成された自身にとって理想的な「身体」が放つ輝きを最小限に確保しつつ、他者によって作り成された他者にとって理想的な「身体」を封じ込めることに成功したのである。

みずから望んで産み出した「分身」に翻弄される郭嵩燾の姿はいささか滑稽でさえある。しかし、他方で、当時西洋世界において中国人の「身体」にまなざしが注がれる時に必然的に生じることになる政治の存在、それも、西洋によって主導されるグローバル化と複製技術の進歩やマスメディアの成立による大衆化にともなって、容易に変容と拡散状態をもたらし、「身体」の所有者の手の届かぬ存在へと化してしまうそれに対して、その生成のからくりの完全なる理解にはたどり着かなかったものの、我が

身を離れた「身体」を取り戻そうとする意思を貫徹した彼の態度は、同時代の中国人のなかでも特筆されるべきものであったといえる。この意味で、郭嵩燾の異国の地における肖像画の制作は極めて皮肉な経験とはなったが、近代の中国人にとっては貴重なそれとなったのであった。

注
1 『西洋雑志』については、鍾叔河編『走向世界叢書』(岳麓書社 1985〜86年 長沙) 所収版を使用した。
2 ハンブリーとその事業に関しては、中国社会科学院近代史研究所翻訳室編『近代来華外国人名辞典』(中国社会科学出版社 1981年 北京) および上海檔案館編、馬長林編『老上海行名辞典(英漢対照)』(上海古籍出版社 2005年 上海) を参照した。
3 郭嵩燾『倫敦与巴黎日記』(以下、『日記』と略称する。なお、同書については、これまでと同様、鍾叔河編『走向世界叢書』所収版を使用する)には、ハンブリーの名はしばしば登場し、郭の求めに応じて意見を具申したり、イギリス人やイギリス社会に対して清朝の利益や郭の立場を擁護するための論陣を張ったりしている。
4 『日記』光緒四年十一月三十日の条に「公平洋行故鼾伯里所創開也、今愛非生、阿爾登諦爾両人承開。」とある。
5 『日記』同上箇所に、「偕馬格里詣鼾百里、談所居意大里界地方名博拉錯阿倫哥……鼾伯里約束帰時一往其家、四日。……因与商上海寄寓之法。云南京路公平洋行旁有洋房一所、極幽静可居。租界民房凡一千五百所、惟所択用之。」とある。

■第6章

西太后の肖像画：Portrait と「聖容」

　さて、郭嵩燾がロンドンでグッドマンを前にポーズをとってからちょうど4半世紀後のこと、またひとりの中国人が、みずからの「分身」を作り成すべく巨大なキャンバスと西洋人の画家を眼の前にして居住まいを正していた。その人物とは、西太后である。従って、肖像画の制作作業は、北京で、それも彼女が自分のために巨費を投じて修復させたお気に入りの居所である頤和園の楽寿堂で進められたのだった。

　西太后が、西洋人画家の手による肖像画の制作に取り掛かった理由とは、翌1904年4月30日の開幕式に向けて準備の進む、そして清朝も参加を約束したセントルイス万国博覧会[1]にそれを送り届けるため、というものであった。
　以下、この前例なき奇妙とも思える行動[2]の意味とそれがもたらした影響を分析してゆく作業を肖像画の制作とそのセントルイスへの搬送の過程を適宜押さえつつ進めてゆくことにしよう。
　西太后の肖像画が制作されるに至った経緯およびその具体的経過については、制作の提案者、画家本人そしてその様子を傍近くで見守った人々の回想、証言によって詳細を知ることができる。
　西太后に肖像画の制作とそのセントルイス万国博覧会への出展を勧めたのは、時の駐清アメリカ公使夫人のコンガー（Sarah Pike Conger）で、画家は彼女の旧知のアメリカの女性画家、カール（Katharina Carl）であった。ふたりとも中国滞在の経験、記憶をそれぞれ *Letter from China*[3]、*With the Empress Dowager of China*[4] という回想録にまとめており、特に後者は実作者ならではの詳細な記録となっている。また、

ヨーロッパでの生活経験を持つことを理由に西太后の御前女官として召し出され、肖像画制作の過程を間近に見ることができた徳齢、容齢姉妹[5]それぞれの回想録、*Two years in the Forbidden City*[6]、『清宮瑣記』[7]も参考にすることができる。

　さらに、肖像画制作やその出展に関する公的な資料である檔案資料も参考になる。当該資料については、現在、ありがたいことに中国第一歴史檔案館が編纂した『清宮万国博覧会檔案』[8]によってその全貌を知ることができるようになった。ちなみに、該書はセントルイス万国博覧会関係の資料だけで276件の檔案を収録している。

　西太后が西洋人画家の手で肖像画を制作することになったいきさつをコンガーは次のように述べている。

○For many months I had been indignant over the horrible, unjust caricatures of Her Imperial Majesty in illustrated papers, and with a growing desire that the world might see her more as she really is, I had conceived the idea of asking her Majesty's permission to speak with her upon the subject of having her portrait painted. I had written to the artist, Miss Carl, and found that she was willing to coöperate with me. The day of the audience seemed to be the golden opportunity for me to speak. ……Her Majesty listened, was interested, and with a woman's heart conversed with me. As the result of this conversation, the Empress Dowager gave consent to allow her Imperial portrait to be painted by an American lady artist for the St. Louis Exposition. The work is begin in August.

　　この数ヵ月というもの、私は多くの絵入り新聞に載る皇太后陛下の恐ろしげで不当な戯れ画に対して憤りを覚えていたことと、世のなかの人々に陛下が本当にすばらしいお方であることをもっと見て知って欲しいという欲求が募っていたので、陛下の肖像画を描くという考えに

第6章　西太后の肖像画：Portraitと「聖容」　　71

ついて発言の許可があればご意向を伺ってみようと思い付いたのです。画家のカールに手紙を出すと、喜んで協力するとのことでした。観見の日こそ私の考えをお伝えする絶好の機会だと思われました。……陛下は、私の提案を耳にされると女性らしい心配りを示されながら色々ご質問になられました。この面談の結果、皇太后陛下は、アメリカの女流画家の手によってセントルイス万国博覧会用の肖像画を制作することをご承諾くださいました。作業は8月に始まることになるでしょう[9]。

　'The day of the audience（観見の日）'とは、光緒二十九年五月二十日（1903年6月15日）のことであるが、後述するように、コンガーの観見はすでに前年の冬から繰り返されていた。
　要するに、コンガーは親しみを覚えた西太后に対し、西洋世界で広まってしまった彼女のネガティヴなヴィジュアルイメージを肖像画という理想的「身体」を利用して改善するのはどうか、と持ちかけたのである。
　この西太后のイメージアップ戦略は、決してコンガーの個人的な好意のみによって発案されたものではなく、彼女のアメリカ公使夫人という立場を考えると、政治的意味合いを強く持ったものであったと理解することができる。当時、清朝とアメリカの関係は1870年代以降の中国人移民排斥運動の高まりのなかで不安定な状態が続いており、加えて、彼女が西太后に目通りし、建言を実行した1903年とは、10年間に及んだ移民制限条約（「清米華工条約」）の期限切れが迫る微妙な年であった。
　さらに、コンガーの提案のなかで注目すべきは、西太后の肖像画の制作とそのセントルイス万国博覧会への出展がセットになっていた点である。肖像画が完成したのちにその展覧場所が探されたのではない。コンガーは最初から自国での万国博覧会の開催を織り込んで肖像画の制作を提案したのである。すなわち、コンガーは西太后に対し、その「分身」をアメリカとともに「世界」へ送り出すよう促したのである。
　いまだ義和団戦争の記憶の生々しく残るこの時期に、「文明」に楯突い

た野蛮民族の総帥が文明世界の人々の眼の前に「真実」の姿を現わすことの政治的意味をコンガーは十分に理解していたはずである。しかも、そのステージは、単なる西洋の１地点というのではなく、万国博覧会の会場なのであった。

すでに優れた専論に述べられているように、博覧会とは、「資本主義の文化装置」であるとともに「帝国主義の巨大なディスプレイ装置」であることにおいて極めて近代的性格の強い「見世物」空間であった。とりわけ、万国博覧会は、その誕生時から、文明―野蛮の価値基準、植民地支配の正当化、いわゆる「人間の展示」や社会進化論のイデオロギーの貫徹といった特徴が物語るように、後者の機能を遺憾なく発揮したイベントであった[10]。

西太后の肖像画が赴くことになる1904年のセントルイス万国博覧会も、フィリピンやハワイの領有によって帝国主義化の度合いを強めつつあった「アメリカにとって「帝国」の意識を広く大衆に分有させていく重要なイデオロギー的効果を発揮」することになる博覧会であったとされる[11]。

コンガーの提案とは、西太后が、そうした資本主義と帝国主義によって秩序立てられ、またその優位性と正当性を確認するために設えられた「世界」のもとに身をさらすことを意味するものなのである。果たして、西太后は、この提案の承諾が、みずからを不特定多数の外国人達の眼の前に、それも政治的にさらすことになる行為であると理解していたのだろうか。

この疑問に答えるためには、差し当たって次のふたつの点、すなわち、

① 西太后は、すでにこの時、不特定ではないにせよ多数の外国人の前に直接姿をさらすことを経験していた。

② 清朝は、当時、かなりの程度万国博覧会に関する知識、経験を蓄積していた。

を押えて置く必要があるだろう。

第 6 章　西太后の肖像画：Portrait と「聖容」　　73

以下、それぞれについて簡単に説明を加えてゆくことにする。

前者、①については、コンガーが西太后に肖像画の制作を提案した場が、そもそも西太后による諸外国公使夫人引見の席であったことを思い起こす必要がある。すなわち、西太后は、多くの外国人達のまなざしを浴びながら、さらに多くの外国人達のそれを浴びることになるであろう計画を告げられた訳である。

清朝は、アヘン戦争とアロー戦争によって西洋世界が形成する国際秩序を承認して以降も、西洋諸国（のちに日本も加わる）が派遣してくる外交使節の皇帝への拝謁――覲見の要求に対し、一貫して拒否の姿勢を取り続けた。それはついに、同治十二年（1873年）列強諸国の圧力に抗し切れず皇城西苑の紫光閣において覲見を許したことでひとつの転換点を迎え、その後一定程度の制度化も進んだのではあるが、相変わらず積極的には要求に応えない状態が続いた。その状態に大きな変化をもたらしたのが義和団戦争の処理のための「辛丑和約」の締結（光緒二十七年［1901年］）である。条約のなかで明確に覲見の方法の変更が謳われ（第十二款）、そのディテールまでもが条約附件の形で取り決められたのである[12]。

条約締結を受け、すでに対列強融和路線、改革路線へ舵を切ることを決意していた西太后は、早速蒙塵の地、西安からの帰京の途次、皇帝が各国公使の、自身が各国公使夫人の覲見を受けるとの懿旨を発した[13]。

光緒二十七年十二月二十三日（1902年2月1日）、西太后は紫禁城養性殿において各国公使夫人の覲見を受けた。これを皮切りにコンガー等との面会が繰り返され、光緒二十九年五月二十日（1903年6月15日）の覲見の際に、先に述べたような肖像画制作の提案が彼女の口から告げられたのである[14]。

西太后が覲見を認めたのは、「国家与各友邦講信修睦、槃敦聯歓（我が国は友邦各国と信頼、善隣関係を結び、使節を交わし関係強化に努める）[15]」と述べていることからも判るように明らかに政治的判断に基づく決断であった。それまでの方針を大きく転換して、みずからの「身体」を

外国人達の眼の前に直接送り出すことの意味を十分に理解していたのである。

肖像画制作の提案に対する西太后の承諾も、この変化の延長線上にあったと考えることができるだろう。みずからの「分身」が不特定多数の外国人達のまなざしを浴びることに対する抵抗感はあらかじめ政治的に弱化されていたのである。

さらに、言葉を継げば、「見る」―「見られる」の関係のなかに織り込まれた「政治」の存在を夙に知り抜いていた西洋人と、「見る」―「見られる」の関係のなかに文字通り身を投じることを決意した非西洋人の間の阿吽の呼吸が西太后の肖像画を産み出したといえるかもしれない。

次に、後者の②に移ろう。西太后は「分身」の旅の目的地のこと、しかもそこが資本主義と帝国主義の力線が織り成す政治的空間であることを理解していたのであろうか。

清朝と万国博覧会の関係については、すでにいくつもの研究が発表されている[16]。

それらによれば両者の関係は、中国の産品が「万国博覧会において、1851年の第1回ロンドン万国博覧会以来、つねに出品・展示され」また、1866年に翌年の第2回パリ万国博覧会への参加を正式に招請されて以降世界各地で開催された博覧会・万国博覧会へ招かれ続けたにもかかわらず、清朝は積極的な関与を避け続け、「海関の長官総税務司ハートが万国博覧会や各種の国際博覧会への参加業務の一切を担当するように政府から委任されるという中国に特有な慣行[17]」さえ作り上げたが、やがて、その慣行に対する批判や博覧会の制度とそれへの参加の意味の理解の変化（「衒奇」から「商戦」へ、「邦誼」から「商利」へ）、参加基準、条件の法制化（光緒三十一年［1905年］の「出洋賽会通行簡章」二十条の制定）等を経て、博覧会、万国博覧会の清朝における位置付けも変化することになった[18]、とまとめることができる。

すなわち、程度の差こそあれ、清朝は万国博覧会と関わり続けてきたの

第6章　西太后の肖像画：Portraitと「聖容」　75

であり、また、それについての知識、経験を蓄積してきてもいたのである。

しかも、セントルイス万国博覧会は、投じられた75万両に及ぶ経費の巨額さ、官民挙げての参加規模、そして宗室のひとり貝子（清朝皇族の爵号のひとつ）、溥倫を首とする公式使節団の派遣など、清朝が異例ともいえる関心を示し、また積極的に参加した国際イベントだったのである。西太后自身も参加の決定に関与し、極めて強い関心を示したといわれている[19]。

つまり、西太后（そして、その周囲を取り巻く人々も）はセントルイスがどこにあるのかも、万国博覧会がどのようなイベントであるのかも理解していたのである。

以上の事実に基づけば、コンガーの提案を受け入れた時の西太后（そして、その周囲を取り巻く人々も）は、肖像画がかの地において不特定、それも極めて多数の人々の視線を浴びることになるだろうことを十分に理解できていたと考えることができる。

このことを前提に、さらに西太后の理解がそれが孕む政治性について及んでいたかどうかを問うことによって、上述の疑問の全体が解明されることになるだろう。

そのために、再び先に示した回想、証言に注目してみることにしよう。それらからは、彼女が、肖像画の制作に当たって下した政治的決断、示した政治的要求を垣間見ることができる。

御前女官、徳齢は、西太后がコンガーから肖像画制作の提案を受けた際の様子について、次のような解説を交えた回想を残している。

○So I explained everything, but I knew that Her Majesty did not know what a portrait was like, as, up to that time she had never even had a photograph taken of herself. I must here explain that in China a portrait is only painted after death, in memoriam of the deceased, in order that the following generations may worship the deceased. I noticed that Her Majesty was somewhat shocked when the request was made known to her.

　私は一部始終を説明申し上げましたが、陛下はこれまで一度もお写真さえお撮らせになったことがありませんので、肖像画がどういうものかご存知あるまいということが、私には判っていました。私がここで説明申し上げなければならないことは、中国では肖像画は、死後にのみ描かれるもので、後世のものが亡くなった人を拝むために故人の面影をしのぶよすがにするに過ぎないということです。それでこの請願をお知りになった時は、陛下はどうやらぞっとなさったように拝されました[20]。

　この記述におけるいまひとつの興味深い項目である西太后と写真の関係については、あとで再び立ち返ることにして、この記述を読んですぐに頭に浮かぶのは、先に取り上げた郭嵩燾のキャンバスを眼の前にした時の反応であろう——もっとも、その姿は、すでに明らかにしたように、イギリス人によって「仮構」されたものであったのだが。肖像画に「死」を感得する中国人の民俗文化的感情は相変わらず生き続けていたのである。
　しかし、コンガーの回想と肖像画の現存が示すように、西太后は決然と民俗文化の呪縛を振り払い肖像画の制作に踏み切ったのである。
　一旦、決断を下した西太后からは、画家に対して様々な要求が示された。いまそれらを制作作業に当たったカールとそのありさまを傍近くで見守った徳齢の回想から拾ってみよう。

〇Her Majesty wished, above all, to have a large portrait……．
　陛下のご希望は、何はともあれ、大きな肖像画を、というものでした[21]。

〇It is going to America, and I don't what the people over there to imagine that half of my face is white and half black.
　これはアメリカに出品するのですから、そこにいる人達に、私の顔の

第 6 章　西太后の肖像画：Portrait と「聖容」　　77

半分は白くて半分は黒いなどと思わせたくありませんとおっしゃいました[22]。

○As soon as I was comfortably settled in my new studio, the Empress Dowager began to talk of having another large portrait begun—large enough to represent her with all the paraphernalia of Royalty (the ceremonial fans, the three-fold screen, the nine phenix, plants of heavenly bamboo) and pyramids of apples—all emblematic, or symbolic.

　私が改装なった新しいアトリエに気持ち良く腰を下ろすや否や、陛下はもう 1 枚大きな肖像画――随駕の器物（雉扇、3 折の屏風、9 羽の鳳凰、天竹）のすべてと山のように積まれたリンゴ、すなわちいずれも寓意的もしくは象徴的な品々である――を描き込むことで彼女を指し示せるような十分な大きさを持ったそれが欲しいとお話になり始めました[23]。

○The throne, about which there had been a question when I began the portrait, and which had been a present to Her Majesty from the late Emperor Tong Chih, her son, had been "lost" during the Boxer troubles, but Her Majesty thought it might be reproduced from descriptions and from sketches by the Palace painters who had seen it ; but I could not consent to work either from memory or other painters'sketches, and I was finally obliged to paint, "faute de mieux, " one of the carved teakwood thrones of which Her Majesty is so fond.

　私が作業を開始したばかりの頃、問題になった玉座、陛下が御子息の故同治帝陛下より贈られ、義和団戦争の最中に失われてしまった玉座のことを陛下は言葉での説明とそれをかつて実見した宮廷画家のスケッチから再現できるとお考えのようでしたが、私は記憶にも他の画

家のスケッチにも頼って仕事はできませんでしたので、ついには「次善の策」として陛下お気に入りの彫刻が施されたチーク材の玉座を描かせて頂くことになりました[24]。

「伝統的には権力とは見られるもの、自分を見せるもの、自分を誇示するものである[25]」。まさに、このM・フーコーの指摘を地でゆくかのように、肖像画から「死」の影を拭い去った西太后は、いかに自分の権威、権力を見せるかにこだわり、理想的な「分身」を作り上げる作業を嬉々として楽しんでいるかのようでさえある。

それは、一方で、西洋美術の思想と技術をもって理想的な西太后の姿を写し取ろうとするカールを時に困惑させることにもなったようである。

カールはその心情を次のように吐露している。

○As the portrait progressed I found myself constantly running up against Chinese conventionalities as to the way it was done. They wished so much detail and no shadow. Had Her Majesty been alone to be considered, she was artistic and progressive enough to have, in the end, allowed me more liberty ; but she, also, was obliged to conform to tradition, and no fantasy could be indulged in painting the portrait of a Celestial Majesty. It was necessary to conform to rigid conventions.

　肖像画の制作が進むに連れて、私はこれまでそれを作り上げてきた中国の習慣と不断に衝突し続ける自分を意識するようになりました。彼等はより細部の描写を求め、陰影を嫌うのです。もし、陛下おひとりだけのことを考えてみれば、陛下は十分に芸術的で、開明的であり、結局私により多くの自由を許して下さったお方です。しかし、その彼女でも、やはり伝統に従うように求められてしまうのです。聖帝后の肖像画を描く場合、彼女に空想をたくましくする余地は全くありません。堅苦しいしきたりに従うよう求めるより他なかったのです[26]。

確かに、中国絵画の形式、様式に固執し――西太后は宮掖（後宮の意）画家と称される女流画家集団を組織し、みずからも絵筆を取るなど絵画に対して一定レヴェルの造詣があったという[27]――皇太后権力の表象たる種々の儀仗やみずからの権威の正当性の証しでもある同治帝から贈られた玉座を描き入れることに執着し、挙句の果てには完成した西洋油絵肖像画の上部中央にみずからの長期政権の象徴ともいえる16文字の長さを持つ徽号[28]を扁額よろしく書き込み、さらに陽文、陰文の方印をその両端に押すなどの西太后の行為[29]は、カールにしてみれば結局いかんともし難い東洋世界の王朝文化として理解するしか仕方がないようなことがらであったかもしれない。

しかし、私達がそのカールの諦めにも似た見解に単純に与する訳にはゆかないことは明らかなはずである。なぜならば、すでに述べてきたように、西太后は、長い歴史を持つ民俗文化の伝統をあえて否定してまで万国博覧会という世界各国が集い政治外交上、経済上、文化上の駆け引きを長期間に渡って展開する場にみずからの「分身」を送り込むことを決断していたからである。

従って、カールが開明専制君主の限界として受け取った肖像画に対する西太后の要求も、その一種のメタレヴェルの政治性を織り込みながら理解する必要があるだろう。

すなわち、この一見保守的、内向きの観を与える西太后の「身体」管理のありようとは、実は外向きの方向性において、つまり積極的に他者に対してみずからを見せる、そしてそのことによって他者から見られることを意識した――まさに、「権力とは見られるもの、自分を見せるもの、自分を誇示するものである」ことを自覚した認識の地平においてこそ理解されるべきものなのである。

カールにとって理想的な肖像画制作上の阻害要因としてしか理解できなかった数々の要求とは、西太后にしてみれば政治的に理想的な「身体」を作り出すために必須の条件だったのである。

西太后にとって、セントルイス万国博覧会にみずからの肖像画を出展するということは、紛れもなく、ひとつの権力が他の権力に対して己を誇示することであった。そして、その究極的なパートナーについても、彼女はある時期にひとつの政治的な決断を下すことになるのである。

カールが肖像画を描き終え、その完成が正式に告知される10数日前、他諸国の公使夫人、領事夫人とともに西太后に招かれ一足早い実見の機会を与えられたコンガーは、彼女の口から次のような考えを聞かされることになる。

○Her Majesty also said that she intended to send it to the St. Louis Exposition in America, and later she was going to present it to the United States Government.
　陛下は、肖像画はアメリカのセントルイス万国博覧会に出展するつもりであるが、最終的には、アメリカ合衆国政府に贈呈したいと考えている、とまでおっしゃいました[30]。

つまり、西太后は間もなくアメリカへ旅立つことになるこの肖像画を最終的には合衆国政府へ贈呈したい、と駐清アメリカ公使夫人へ告げたのである。

実際、セントルイス万国博覧会会場の中心部に建てられた'Art Palace（美術宮）'の第18展示室に展示され[31]、半年間に渡り不特定多数の人々のまなざしを浴び続けた肖像画は、博覧会閉幕後の1905年1月15日にホワイトハウスにおいてルーズベルト大統領の臨席のもとアメリカ合衆国政府に贈呈されることになる[32]のだった。

このやや突飛とも思える西太后の提案は、決して単なる思い付きから生まれた訳ではなかった。

そのように判断できる理由を示すために、ある日紫禁城内の西太后の居所に足を踏み入れることを許されたカールの好奇心溢れる観察の記録をまず取り上げることにしたい。

カールは、西太后が昼間の居所として用いている部屋の壁の眼に入りやすい位置にヴィクトリア女王および女王とその家族の肖像が懸けられているのを見付けたことを書き留めている。

○In prominent places, each flanked by good-luck pennants, hung two steel-engravings: the first representing Queen Victoria in regal array; the second, the Queen and Prince Consort, surrounded by their children and grandchildren.
　　眼に付きやすい場所に、左右に吉祥の旗をあしらわれた２枚の巨大な鋼版印刷画が懸けられていました。その１枚目は、盛装のヴィクトリア女王を描いたもので、２枚目はお子さんとお孫さんに囲まれた女王とアルバート公でした[33]。

　それらの肖像が、どのような経緯で西太后のプライベート空間にもたらされ、そこを飾ることになったのかについては詳らかにしない[34]が、少なくとも、次のようなふたつの点については指摘・確認することができる。
　ひとつは、当時、このようなヴィクトリア女王やその家族を写し取った肖像画や肖像写真は決して特殊なオーナメントでなかったという点である。「挿絵入りジャーナリズムと写真の時代、また大量消費の時代に王位に就いたイギリス最初の国王であった」ヴィクトリア女王は、国王の政治的影響力が弱体化してゆく時代状況のもとにあって、夫君のアルバート公とももど「自分たちが国民の目にどのように映るかということが、君主制の存続にとっていかに重要であるかを十分認識して」様々なイメージ戦略に打って出たという。貨幣や切手のデザインを利用した女王の遍在やバッキンガム宮殿の修復、拡張、中世風の仮装舞踏会の開催などがそのために考案、利用されたりしたが、とりわけ重視されたのが「王室肖像画によるメッセージの発信」で、そうした「肖像画は、宮殿の至る所に飾られ、時に一般に出回ることによって、国民の家庭の居間から直々に女王のメッセージを伝える」機能を果たすことが期待され、それは「挿絵入りジャー

ナリズムや写真術の隆盛、大量消費の動向と相俟って」確実に、そして当初期待されていた機能を越えて広まってゆくことになったことが明らかにされている[35]。遠く極東を治める王者の居室の一角に懸けられていたヴィクトリア女王とは、そうした政治的使命を帯びた「身体」達のごく一部だったのである。

　この点を確認したうえで、もうひとつの点——こちらの方がより重要な点なのであるが——について確認しておこう。それは2枚の肖像が極東の宮殿にもたらされることになった理由に関わるものである。

　西洋世界においては、宮廷間外交の流れを継ぐ形で、近代的外交制度が成立して以降も国家間の友好関係の象徴として、元首の肖像画、肖像写真の贈答・交換が一般的に行われていた。そして、その外交儀礼は、「近代」の拡張とともにやがて非西洋世界にも及び、例えば、我が国においても明治六年（1873年）より明治天皇の肖像写真が「来訪する外国人、とくに皇族、元首をはじめ駐日外交官などへ」贈られるようになったという[36]。このように長々と本書を書き続けるそもそものきっかけとなった北京、天安門城門中央の毛沢東肖像画の意味を解釈するための重要な補助線として引き合いに出した明治天皇の「御真影」制作（序章参照）も、この外交儀礼の新国家による遵守をひとつの淵源とするものなのであった。紫禁城のヴィクトリア女王は、そうしたもうひとつの政治的役割を担って中国の最高実力者のプライベート空間を飾っていたのである。

　もちろん、少なくともカールによって肖像画が制作されつつあったこの時には、西太后はその意味を明確に理解していた。というのも、同時期、西太后はイギリス以外の国々の外交官、皇族との間でも肖像写真の受贈、贈呈を行っているからである[37]。

　西太后が肖像画をアメリカ合衆国政府に贈呈することを考え付いた根源的な理由とはこれであった。そして、この時、西太后の肖像画は、単に彼女にとっての理想的「身体」のレヴェルから、清朝において、国際政治の舞台で必要とされる政治的「身体」へと真の意味で生まれ変わることになったのである。

第6章　西太后の肖像画：Portraitと「聖容」　　83

　カールの眼に飛び込んできたヴィクトリア女王とは、以上明らかにしたように、大衆社会の到来と複製技術の隆盛に対応するための「身体」、国際政治の場における国家や権力を代表するための「身体」のふたつの「身体」を合わせ持つ存在として広大な紫禁城の一部屋の一角を占めていたのだった。そのふたつの「身体」のうち、西太后は後者の「身体」に誘われるかのようにみずからの理想的な「分身」を作り上げ、国際政治の場に送り出したのである。

　これは、中国人における身体と政治の関係の理解にとって、間違いなく画期的な出来事であった。だが、中国人の身体に新たな政治性を注ぎ込み、また、見出させることにおいて、西太后が果たした役割はこれのみに留まらなかったのである。

　実は、彼女は、全く無自覚のうちに、ヴィクトリア女王のもうひとつの「身体」、すなわち、大衆社会の到来と複製技術の隆盛に対応するための「身体」をも産み出してゆくことになるのである。

　そのことを解き明かしてゆくための重要な鍵となるひとつの事実を指摘することができる。それは西太后の肖像写真の撮影である。先に西太后の肖像画制作に関する事実関係を探った際に引いた徳齢の回想には「陛下はこれまで一度もお写真さえお撮らせになったことがありませんので……」という条があった。ところが、徳齢がそのことをもって肖像画制作の実現に危惧の念を抱いてから程なくして、西太后の姿は印画紙に焼き付けられることになるのである。

　この新しい西太后の「分身」、それも近代の視覚技術によって作成され、大量複製が可能であるそれが、中国人における身体と政治の関係の理解にどのような影響を及ぼしたのかについての考察は第8章で進めることにして、いましばらく西太后の肖像画にこだわってみたい。それというのも、肖像画の扱われ方、つまり、作品としてではなく、モノとしてのレヴェルでの肖像画に対する態度にも興味深い「身体」性を読み取ることができるからである。

西太后の肖像画のことを中国人達は「聖容（あるいは御容、慈容）」と呼んだ。それは、肖像画そのものはもちろんのこと、肖像画に関わる事物一切も「聖」なる性質を帯びるものと見なされたことを意味する。もちろん、「聖容」がそのモデルの人物と同一視されて生けるがごとく扱われたことはいうまでもない――だからこそ、肖像画は中国の伝統文化的民俗文化のなかで故人のよすがとなり得、また、第４章でも指摘したように「魂が吸い取られる式」のイメージを付与されてきたのである。すなわち、カールが描いた'portrait'は西太后本人、西太后の「身体」として扱われたのである。
　その実際をやはり同様に西太后の肖像画に関する回想、証言や檔案等の資料のなかに探ってみよう。
　次に引く文章は、これまでもたびたび引いてきたカールの回想録のまさに劈頭に置かれたものである。

○Our audience was for half-past ten o'clock, and the portrait of the Empress Dowager was to be begun at eleven ; that hour, as well as the day and the month, having been chosen, after much deliberation and many consultations of the almanac, as the most auspicious for beginning work on the first likeness ever made of Her Majesty.
　　私達の觀見は10時半からと決められ、陛下の肖像画には11時に着手することになっていました。陛下にとって初めての写し絵の制作作業開始が最高の吉事となるよう、この時刻は、月、日と同様に大変な熟慮と暦書を繰り返し調べた結果選ばれたものでした[38]。

　西太后の「聖容」の制作は、単なる作業ではなく、特別な時間のなかに置かれるべき特別な作業と考えられたのである。
　暦書を調べての時間の選択とは、いわゆる「択吉（択日）」と称される一種の占術のことである。具体的には、暦書（時憲書）に載る天文、地理、神煞（吉凶を司る神）等様々な情報を勘案して行為・行動の未来の吉凶、

禍福を計る技術で、宮中から民間まで広く実践された。それはまた、暦書を判断の拠りどころとするものであることから判る通り、皇帝の権威に支えられた技術、皇帝の権威を世界の隅々にまで行き渡らせる制度のひとつでもあった[39]。この意味で、カールによる西洋美術の技法に基づく肖像画の制作の作業は、開始早々に中華帝国の皇帝の権威のもとに回収されてしまったということができるかもしれない。

　始まりが特別な時間でなければならないのなら、その作業の終わりも当然特別な時間である必要があるだろう。カールによれば、肖像画の完成の日時は、やはり「択吉」によって光緒三十年三月五日（1904年4月19日）の4時前と決定されたという[40]。カールがそれに従ったのはいうまでもない。

　「特別な時間」に肖像画の制作を開始することを求められたカールは、間もなく、それが「特別な作業」であることをより明確に認識させられることになる。

○The portrait was treated, from its very beginning, as an almost sacred object, with the respect a reverent officiant accords the Holy Vessels of the Church. Even my painting materials seemed to be invested with a sort of semi-sacred quality. When Her Majesty felt fatigued, and indicated that the sittings were finished, my brushes and palette were taken by the eunuch from my hands, the portrait removed from the easel and reverently consigned to the room that had been set aside for it.

　　肖像画は、その制作を開始した最も初期の時点から、敬虔な司祭が教会の聖杯に対して示す尊敬の念にも似て、半神聖的存在として扱われました。そればかりか、私の画具類までもが一種の聖的な性格を付与されることになったのでした。陛下がモデルにお疲れになると、私の絵筆とパレットは宦官によって取り上げられ、絵もイーゼルから取り外されて恭しくそのために設えられていた部屋に運ばれてゆくのでした[41]。

図13　カール作西太后肖像画
（東京大学総合図書館所蔵資料）

　もちろん、「聖容」自体は、西太后と同一の存在として扱われた。これは比喩上の表現ではなく、まさに、「聖容」を血の通う生きた「身体」と見なしたという意味においてのことである。

それは、例えば、完成した「聖容」がセントルイスに向けて旅立つ際に講じられた措置に典型的に見出すことができる。

容齢の回想記にそれに関する次のような記述がある。

○慈禧命令運画像時、必須立着放、不准横放和倒放。伍廷芳在背後説、運到上海這一段、可以這様做。但従上海出口之後我們就没辦法了。為了執行慈禧的命令、因此把画像従頤和園一直抬到車站、有棚的火車放不下、只好放在敞車裏運到天津再運到上海。

西太后は、肖像画の運搬の際には、必ず立てたままで運び、横向きや逆さにするのはまかりならぬと命じました。それに応じて、(大臣の)伍廷芳が、上海までの行程では仰せのごとくできましょうが、上海から船出したのちは私どもにはどうしようもできなくなってしまいます、と西太后の背後から答えました。彼女の命令を実行するために、肖像画は頤和園から駅まで(立てたまま)担いで運ばれ、駅では有蓋車両に立てたままでは積み込めなかったので、やむなく無蓋車両で天津へ運ばれ、さらに上海へと送られてゆきました[42]。

一説によると、「聖容」を運搬するため、外務部から正陽門駅までわざわざ専用の鉄路を敷設させたともいう。これは、人の手によって担ぎ運ぶ様子が葬送の行列に似ることを西太后が忌み嫌ったためであった[43]。

「聖容」の出発式も、まるで西太后本人が異国へ旅立つかのごとく厳かに挙行された。カールによれば、外務部の官員と在京の大官が盛装して駅まで見送ったという[44]。そして、「聖容」を生きているかのように出迎え、送り出す儀式は、その「旅程」の先々で繰り返されたのだった。

そのありさまは当時の新聞報道から窺い知る事ができる。

○光緒三十年三月七日（1904年4月22日）付『大公報（天津版）』「中外近事」

迎接御容。昨紀皇太后御容過津一則。茲聞袁宮保率同闔城印委文武各官、

皆穿花衣補褂、于昨日下午二点鐘斉集新車站茶座俟火車、到時恭接恭送云。
御容の奉迎。昨日、皇太后陛下御容天津ご到着の記事を掲載したが、本日聞いたところによると、直隷総督袁（世凱）宮保閣下が天津全城の勅任、臨時任用すべての文武各官を帯同し、官服着用のうえ、昨日午後2時に新駅休憩室で、御容座乗の列車到着をお待ちし、奉迎ののち上海へとお送りしたという[45]。

○光緒三十年三月十日（1904年4月25日）付『申報』
敬迓慈容。昨日……皇太后慈容、由新済輪船敬謹齎送来滬。午前欽命議約大臣呂海寰尚書、会辦電政大臣呉仲懌侍郎……同乗海定輪船至呉淞恭迓。迨抵金利源碼頭、各官恭請聖安畢、排斉鹵簿、送至城内万寿宮敬謹供奉、候美公司某輪船。出洋時派員送至美国聖路易博覧会、恭懸以慰海外人民瞻仰之意。

謹んで聖容をお迎え奉る。昨日……皇太后陛下の聖容は、汽船新済号にて謹んで上海にお連れ申された。午前、勅命議約大臣呂海寰尚書、会辦電政大臣呉仲懌侍郎……等は、汽船海定号にて呉淞港までお迎えに上がった。外灘の金利源埠頭にご到着の際は、各官打ちそろってご機嫌をお伺いいたし、その後、儀仗を整え、城内の万寿宮までお送りし、そこでお世話申し上げながらアメリカの会社の汽船某号の出航を待つとのことである。ご出発の際には、係の者を随行させ、セントルイス万国博覧会へお送りして、会場にお懸け置き申し、諸外国人民の瞻仰の宿願に答えることになるという[46]。

こうした大仰な送迎儀式は、「聖容」がアメリカに到着して以降も続いたという。時の清国駐米公使梁誠が外務部に書き送った書簡からそれは判る。

○光緒三十年五月四日（1904年6月17日）　駐米大使梁誠致外務部丞参信函
……適接金山総領事電稟、沈道恭奉皇太后聖容由金起程不日可到。誠即随倫貝子馳回会場、一面訂定専車前往迎迓、一面商妥会場総理仏蘭息士

等択定美国国家画院正庁為恭奉聖容之所。二十九日傍晩、専車行抵散魯伊斯、先経誠等布置借用会場鉄軌、三十日直送至画院門首。其時仏蘭息士及各総辦執事人等均具礼服随同。誠等督率夫役数十名、経歴五時之久、敬将聖容奉入庁事。当中懸掛時已子夜、中外男女翹首瞻仰、皆以幸得瞻就雲日、為希有之遭逢也。

> ……折しもサンフランシスコ総領事よりの電文報告を受け取り、道員沈能虎が皇太后陛下の聖容を奉じ日ならずして該地を出立するとの連絡を受けましたので、私、梁誠は溥倫貝子殿下とともに博覧会場へ急ぎ戻り、専用列車を手配してお迎えに向かわせる一方、博覧会総理会長のフランシス等と協議いたし、アメリカ国家美術院のメインホールを聖容をお連れ申し上げる場所として選択いたしました。二十九日夕刻、専用列車がセントルイスに到着、それに先立って、私どもが手配、借用して置いた会場内の線路を使い、三十日に直接美術院の正門までお運び申し上げました。その際、フランシスおよび各総裁、事務責任者も礼服に身を包みお供いたしました。その後、私どもは人夫数十名を督率し、5時間の長きに渡り聖容御入館の作業に従事しました。聖容をホール中央にお懸け申した時はすでに真夜中ではありましたが、中外男女首を反らせて仰ぎ見遣り、みな陛下を眼の当たりにし得たことを思わぬ幸運と感じ入っておりました[47]。

しかし、「聖容」に対する外国人達の反応を語る梁誠のこの口振りは、いささか誇張が勝ったものといえよう。

中国人にとって、「聖容」が、生身の西太后と等しく、どれ程聖なる存在と感得されようとも、当然のことながら、外国人の眼にとっては、それは単なる1枚の絵画に過ぎないはずである。この意味において、以下に引くカールの指摘は、冷徹に本質を見抜いたものとなっている。

○A few days later, when the Gallery where it was placed was opened to the public, it lost, for the first time since its inception, its semi-sacred qualities. Only then did it stand upon its own merits and become as other portraits. Then, for the first time, it could be seen by the ordinary individual—then only it became the subject of comment as any other picture at the Fair. Then it was open to the gaze of the vulgar and the comment of the scoffer.

　数日後、陛下の肖像画が懸けられた美術宮が一般大衆に公開された時、それが制作開始以来身に纏っていた半神聖的性質は失われてしまいました。この時、それはただみずからの芸術的価値のみに頼る存在となり、その他多数の肖像画の仲間となったのです。そして、それは、初めて普通の人にながめられることに――つまり、この時、陛下の肖像画は万国博覧会に出展された他の作品達同様に評価の対象となり、低俗なまなざしと嘲笑者の批評のもとに身をさらすことになったのでした[48]。

　事実、魔法が解けた西太后の肖像画には、様々なまなざしが注がれることになったのだった。次章では、その実際について検討することにしよう。

図14　美術宮における西太后肖像画の展示実景

第6章　西太后の肖像画：Portraitと「聖容」　　91

注
1　セントルイス万国博覧会とは、通称名で、正式名称を「ルイジアナ買収記念万国博覧会」といい、1903年のアメリカによるフランスからのルイジアナ買収100周年を記念するためのイベントであった。
2　もちろん、よく知られているように清朝の皇帝達は、かつて西洋人の手による肖像画制作の経験を持っていた。しかし、清末期にはその経験はすでに遠い過去のものとなっていた。
　なお、西太后は、アメリカの女流画家、カール（後述）に肖像画を描かせたのち、もうひとりの西洋人画家に肖像画を描かせることになる。その画家とは、アメリカ籍オランダ人のヒューバート・ボス（Hubert Vos）で、制作は1905年、北京において行われた。ボスによる西太后肖像画制作については鄺兆江「慈禧写照的続筆：華士・胡博」（『故宮博物院院刊』2000年第1期）という研究がある。
3　Sarah Pike Conger, (1909), *Letters from China : with particular reference to the empress dowager and the women of China*, Chicago, A.C.McClurg & Co.
4　Katherine Carl, (1986), *With the Empress Dowager of China*, New York, KPI.
5　ふたりは、駐仏公使（出使法国欽差大臣）として派遣された父、裕庚に従い光緒二十五年から二十八年までヨーロッパで生活した。
6　Princess Der Ling, (1911), *Two years in the Forbidden City*, New York, Moffat, Yard.
　なお、本書には、太田七郎、田中克己訳『西太后に侍して』（世界ノンフィクション全集18　筑摩書房　1961年　東京）および井出潤一郎抄訳『素顔の西太后』（東方書店　1987年　東京）の2点の訳業がある。
7　『清宮瑣記』については、容齢、徳齢『慈禧与我——晩清宮廷私生活実録』（文化芸術出版社　2004年　北京）所収版を使用した。
8　中国第一歴史檔案館編『清宮万国博覧会檔案』（広陵書社　2007年　揚州）。
9　前掲、*Letters from China*, [To Our Daughter] American Legation, Peking, June 20, 1903.
10　吉見俊哉『博覧会の政治学』（中公新書　1992年　東京）。
11　セントルイス万国博覧会の時代的、政治的位置付けに関しては前掲書、および注16の諸研究を参照。
12　アヘン戦争以降の清朝における「覲見」問題については、以下のような研究があり、参考にした。

李岫「《辛丑条約》与晩清外使覲見」(『北方論叢』1991年第2期)。

　　秦国経「清代外国使臣覲見礼節」(『故宮博物院院刊』1992年第2期)。

　　王洪運「論外国公使覲見清帝制度的確立」(『四川師範大学学報(社会科学版)』1999年第3期)。

　　田濤「同治時期的覲礼之争与晩清外交近代化」(『歴史教学』1999年第7期)。

　　王開璽『清代外交礼儀的交渉与論争』(人民出版社　2009年　北京)第4〜7章。

13　『徳宗景(光緒)皇帝実録』巻490に「光緒二十七年、辛丑、十一月、甲申。又諭、朕欽奉皇太后懿旨、国家与各友邦講信修睦、檠敦聯歓。現在回鑾、京師各国駐京公使、亟応早行覲見、以篤邦交而重使事。俟択日後、皇帝於乾清宮覲見各国公使。其各国公使夫人、従前入謁宮廷、極称款洽、予甚嘉之。亦擬另期於寧寿宮覲見公使夫人、用昭睦誼。著外務部、即行豫備、請旨定期、一併恭録、照会辦理。」とある。

14　『同』巻492に「光緒二十七年、辛丑、十二月、乙卯。上奉慈禧端佑康頤昭豫荘誠寿恭欽献崇熙皇太后御養性殿。各国使臣、曁使臣夫人等覲見。」と記録され、また、コンガーによって肖像画制作の提案が告げられた覲見についても、『同』巻516に「光緒二十九年、癸卯、五月、甲戌。上奉慈禧端佑康頤昭豫荘誠寿恭欽献崇熙皇太后御仁寿殿。美国使臣康格、及其夫人等覲見。」との記録がある。

15　注13。

16　清朝と万国博覧会の関係を取り上げた研究には以下のようなものがある。

　　中国第一歴史檔案館「晩清赴美参加聖路易斯博覧会史料」(『歴史檔案』1987年第4期)。

　　董増剛「晩清赴美賽会述略」(『北京社会科学』2000年第2期)。

　　鈴木智夫「万国博覧会と中国——1851〜1876」(『人間文化』第11号　1996年)。

　　楠元町子「万国博覧会と異文化交流——1904年セントルイス万博の事例を中心に——」(『異文化コミュニケーション研究』第5号　2002年)。

　　久本明日香「セントルイス万国博覧会と清末中国」(『寧楽史苑』第49号　2004年)。

　　楠元町子「万国博覧会と中国——1904年セントルイス万博を中心に——」(『愛知淑徳大学現代社会学部論集』第10号　2005年)。

　　久本明日香「セントルイス万国博覧会における娯楽街「パイク」について」(『人間文化研究科年報』第22号　2006年)。

　　楠元町子「国際関係史から見た万国博覧会——一九〇四年セントルイス万国博覧会を中心に——」(『法政論叢』第43巻第2号　2007年)。

馬敏「中国走向世界的新歩幅——清末商品賽会活動述評」(『近代史研究』1988年第1期)。

汪岳波「晩清政府参加国際博覧会述略」(中国第一歴史檔案館編『明清檔案与歴史研究』下［中華書局　1995年　北京］)。

趙祐志「躍上国際舞台：清季中国参加万国博覧会之研究（1866—1911）」(『国立台湾師範大学歴史学報』第25期　1997年)。

上海図書館編『中国与世博：歴史記録（1851—1940）』(上海科学技術文献出版社　2002年　上海)。

王正華「呈現「中国」：晩清参与1904年美国聖路易万国博覧会之研究」(黄克武主編『画中有話——近代中国視覚表述与文化構図——』［中央研究院近代史研究所　2003年　台北］所収)。

17　注16鈴木論文。
18　注16趙論文。
19　注16董論文。
　　また、光緒二十八年十一月三日に海関総税務司ハートが慶親王奕劻へ送った回答文に「総税務司赫德為申復事、奉到十一月初一日鈞箚内開、査美国将於西暦一千九百零四年、即中暦光緒三十年、在散魯伊斯城開設万国博覧会……此次擬請旨簡派正監督一員、並本部揀派副監督二員。惟副監督二員内、応用税務司一員派充此任、尤以美国人為合宜、相応箚行総税務司、即於各関税務司美国人中択一精細妥実之員、開具銜名迅速申復本部、以憑奏明派往等因。奉此遵即於現任税務司中揀……東海関税務司柯爾楽美国人、尚属精細妥実、該員在関已閲二十二載……。」（前掲、『清宮万国博覧会檔案』所収檔案）とあるように、海関からの選出を求められた——本文に書き記したような海関総税務司ハートが博覧会参加に関わる業務に関与する慣行は依然生きていた——副監督官1名はアメリカ人カールであった。彼は西太后の肖像画を描いた（この時点でいえば、「描くことになる」、が正しいだろうが）カールの兄であった。
20　前掲、*Two years in the Forbidden City*, XII. The Empress and Mrs. Conger.
21　前掲、*With the Empress Dowager of China*, I. My Presentation and First Day.
22　前掲、*Two years in the Forbidden City*, XIII. The Empress's Portrait.
23　前掲、*With the Empress Dowager of China*, XXV. Peking — Beginning the Portrait for St. Louis.
24　同上、XXVIII, Some Winter Days at the Palace.
25　M・フーコー（田村俶訳）『監獄の誕生—監視と処罰—』（新潮社　1977年

東京）第2章。
26　前掲、*With the Empress Dowager of China*, XVIII. Festival of the Harvest Moon.
27　西太后の絵画への関心とその作品および宮掖画家との関係に関しては、李湜「晩清宮廷絵画」（呂成龍主編『故宮博物院八十華誕曁国際清史学術討論会文集』［紫禁城出版社　2007年　北京］所収）に詳しい。
28　西太后の徽号の形成過程に関しては、万依「関於慈禧太后的称号」（『文献』1986年第2期）に詳しい。

　　また、16文字の徽号は、その死後さらに前後に計9文字を加え、清朝歴代皇太后中最長の謚号「孝欽慈禧端佑康頤昭豫荘誠寿恭欽献崇熙配天興聖顕皇后」となる。
29　注27李湜論文、および同氏「慈禧款絵画及宮掖女画家」（『故宮文物月刊』第16巻11号　1999年）に西太后がみずからの作品（代作も含む）に施した署名（款題）、押印（鈐印）の形式についての指摘があり、カールが描いた肖像画へのそれとの関連性を認めることができる。
30　前掲、*Letters from China*, [To a Sister] American Legation, Peking, April 9, 1904.
31　注16王正華論文。
32　肖像画の贈呈に関する中国側の指示は、肖像画完成直前の光緒三十年二月三十日（1904年4月15日）に外務部からセントルイスの溥倫に伝えられ（「権算司呈為咨行事、光緒三十年二月二十一日内廷伝現在恭絵皇太后聖容告成交外務部、祗領飭総税務司敬謹寄至美国、即由赴美賽会正監督恭迎至散魯伊斯会場俾共瞻仰、俟該監督観会事畢、応令出使美国大臣転達総統、敬謹賚送美国国家等因。除照会美康使転達美政府外、相応咨行貴正監督、大臣欽遵可也。須至咨者。」［前掲、『清宮万国博覧会檔案』所収檔案］）、その後、実行された。
33　前掲、*With the Empress Dowager of China*, XXIV. The Winter Palace.
34　徳齢によれば、西太后は外国の新聞に載るニュースやロイター電に強い関心を示し、前者に関しては、特にヨーロッパ諸国の君王の動静を知りたがったという（前掲、*Two years in the Forbidden City*, XVII. The Audience Hall）また、ヴィクトリア女王に関する知識も豊富で、中国訳された女王の伝記の一部分も読んでいたという（同上、XIX. The Sea Palace）。
35　川本静子、松村昌家編著『ヴィクトリア女王――ジェンダー・王権・表象――』（ミネルヴァ書房　2006年　京都）第2章、笑わない女王　ヴィクトリア――「王室肖像画像」再考――（谷田博幸）。
36　『天皇の肖像』（序章、注3参照）第4章、「御真影」の誕生。

37　容齢の回想によれば、光緒二十九年八月――『徳宗景（光緒）皇帝実録』によって、八月二十日［1903年10月10日］のことと推定できる――のロシア公使夫人、プランソンの覲見に当たり、西太后は夫人よりロシア皇帝、皇后の写真の贈呈を受け、また、その際、すでに受贈していた両人の写真（光緒二十八年［1902年］にロシア皇帝から駐清ロシア公使を通じて贈られたもの――林京編著『故宮蔵慈禧照片』［紫禁城出版社　2003年　北京］）を取り出してプランソン夫人に示したことがあったという（前掲、『清宮瑣記』15、俄皇贈照。また、このことはプランソンの通訳に当たった徳齢も書き留めている［前掲、*Two years in the Forbidden City*, IV. A Luncheon with the Empress, V. An Audience with the Empress.］）さらに、左遠波『清宮旧影珍聞』［百花文芸出版社　2003年　天津］によれば、新旧いずれかは不明であるが、そのロシア皇帝、皇后の写真は現在も故宮博物院に蔵されるという。

　　西太后が肖像写真を贈った例としては、1904年、中国訪問中のドイツ皇帝ヴィルヘルム２世の第３皇子、アーダルベルトに西太后がドイツ皇后宛の肖像写真を言付けたことが『中国撮影史　1840―1937』（胡志川、馬運増主編　中国撮影出版社　1987年　北京）第３章に記されている。

38　前掲、*With the Empress Dowager of China*, I. My Presentation and First Day at the Chinese Court.

39　「択吉」思想の形成過程とその技術の全容に関しては、劉道超、周栄益『神秘的択吉』（広西人民出版社　1992年　南寧）に詳しい。

　　また、「択吉」と皇帝権力の関係に関しては、川原秀城「「正朔」を頒つ――皇帝による暦の管理」（佐藤次高、福井憲彦編『ときの地域史』［山川出版社　1999年　東京］所収）を参考にした。

40　The almanacs were consulted, and it was decided that the nineteenth day of April would be an auspicious time to finish and before four o' clock. (前掲、*With the Empress Dowager of China*, XXXIII. Continuation of the St. Louis Portrait).

41　同上、*With the Empress Dowager of China*, X. Peking―The Sea Palace.

42　前掲、『清宮瑣記』8、給慈禧画像。

43　注37『清宮旧影珍聞』。

44　The Officials of the Wai-Wu-Pu, as well as many other of the high Officials in Peking, dressed in full dress, accompanied it to the station, and stood to watch the Sacred Picture start off on its long journey to St. Louis. (前掲、*With the Empress Dowager of China*, XXXIV. Finishing and Sending off the Portrait).

また、「聖容」を見送った外務部の高官（会辦大臣）のひとりである那桐の日記の光緒三十年三月六日（1904年4月20日）の条に「卯正到外務部、花衣補褂跪送皇太后所画聖容、辰初帰。」（北京市檔案館編『那桐日記』［新華出版社　2006年　北京］）とある。

45　『大公報』については、人民出版社（1982年〜1983年　北京）影印版を使用した。

46　『申報』については、上海書店（1982年〜1985年　上海）影印版を使用した。

47　前掲、『清宮万国博覧会檔案』所収。

48　前掲、*With the Empress Dowager of China*, XXXIV. Finishing and Sending off the Portrait.

■第7章
その後の西太后の肖像画：
ながめられる「身体」

　かくして「聖容」は、無事セントルイスにたどり着き、また、その他数多くの'portrait'のなかの1枚となって、不特定多数の人々のまなざしを受け止めることとなった。

　王正華氏の研究によれば、万国博覧会の期間中、西太后の肖像画は十分人々の注目の的となり、好意的言辞をもって評価されたという[1]。コンガーのもくろみは、成功を収めたということになる。しかし、この王氏の判定は、アメリカ人の意見、言説にのみ依拠したものであり、やや拙速の誹りを免れないものだといえよう。事実、肖像画には批判の眼も数多く向けられていたのである。それは、日本人、そして中国人のなかから向けられた。

　肖像画が美術宮において一般に公開されてからひと月程経った頃、日本の新聞『万朝報』[2]に、「清国溥倫貝子親王の豪奢聖路易を驚かす」という特派員、河上生（戦前に社会主義者、ジャーナリストとして活躍した河上清）の署名入りのタイトルの記事が載った（記事自体は6月18日、すなわち一般公開後5日目に書かれている）。

　「清国溥倫貝子親王」とは、前章でも触れたように、セントルイス万国博覧会に異例ともいえる関心を示した清朝が派遣した公式使節団の正監督である。記事の内容は、竣工なった中国政府館の開館式が挙行された日、すなわち1904年5月6日の夕刻に、溥倫がその宿泊先であるワシントンホテルにおいて主催した3000人ものゲストを招いての盛大なレセプションと、それからひと月後に「博覧会の美術館に陳列すべき西太后の油画肖像の除幕式に参列せん為め」に再びセントルイスを訪れ、同ホテルに投宿した彼

の湯水のごとく金を使う振る舞いを厳しく批判し、また揶揄することを主眼とするものであるが、その延長線上に、溥倫が恭しく出迎えた肖像画に対する批判も加えている。

○『万朝報』明治三十七年七月二十七日「朝報」欄
　清国溥倫貝子親王の豪奢聖路易を驚かす　聖路易にて　河上生
　……親王米国に来り到る処の旅館に豪華を極め旅館の主人、番頭、小使等を驚かしつつあり。彼れ聖路易に来たること二回、前後ともワシントンホテルに投せり。其の始めて聖路易に来れるや、博覧会会社の役員及び市の有力者をホテルに招待し、為めに数千弗の饗応費を投じたりといふ。……支那の大官貴顕が米国に於て馬鹿々々しく金銭を徒消することは珍しからぬことなり。前駐米公使伍廷芳が米国に持て囃されたるも実は惜げも無く金銭を費して、絶えず人を饗応したるに依らずんばあらず。旅館の番頭、小使等は清国貴顕の此の常例を知るが故に、之に向ては低頭して謟辞を呈するも、之に背いては乃ち舌を吐いてチャンチャン坊主の愚を笑ふなり。
　今回の溥倫親王が親ら除幕したる西太后の油絵肖像は米国の画家カノル夫人の筆に成れるものにして、其の美術上の価値は敢えて多く称するに足るものなきも、其の装飾の華奢人目を驚かすものありという。廟堂の人咸な豪奢を極めて人民独り誅求に困しむもの、是れ実に清国の現状なり。（六月十八日）

　セントルイス万国博覧会は、1904年4月30日に開幕式が挙行され、半年間に及ぶ開催期間がスタートしたのだが、その時すでに日本は、国運を賭したロシアとの戦争に突入していた。
　それでも日本政府が参加を取り止めなかったのは、「万博の展示物や渡米した日本人を通じて、日本の実情や考え方の理解を促し、親日的世論を形成することで、米国での外債発行を成功させ、米国の日露戦争への中立を得」[3]ることを図る外交戦略上の判断が働いたためであった。この目論

見は、もう一方の当事者であるロシア側の様々な不手際も手伝って十分な成功を収めたが、同博覧会においては、ロシア以外にも日本が外交戦略上意識した対象国が存在していたという。それが中国で、日本は博覧会の会場を「中国の旧態とした体制と日本の近代性を対比させ、日本の近代性を誇示する絶好の機会と考えていた」[4]とされる。日本は、「帝国主義の巨大なディスプレイ装置」と化していた万国博覧会を利用してアジアの盟主たる地位を確立することを目指したのである。

『万朝報』とともにセントルイスに特派員を送り込み、博覧会の詳細な情報を日本の読者に伝え続けていた『時事新報』[5]では、あからさまに中国を「欧米文明国」とは異なる「未開国」に位置付け蔑んでさえいる[6]。西太后の肖像画に向けられた批判的なまなざしとは、こうした文脈のなかから生まれたものなのであった。

この記事は、早速中国国内でも共有された。転載したのは、上海の日刊紙『警鐘日報』[7]である。

○『警鐘日報』光緒三十年六月二十三日（1904年8月4日）「本国紀聞」
倫貝子之揮霍　拠日本陽暦七月二十七日之万朝報所載言、貝子溥倫在美国旅館異常揮霍、自旅館之主人以至小使無不驚詫。彼両至聖路易、皆投華盛頓旅館、而日招博覧会会社之執事者及市之有力者、而宴之輒費美金数千円……支那之貴顕至美国者、好糜無謂之費、前公使伍廷芳亦然、幾於無日不宴客。凡旅館之番頭、小使等深知支那貴顕之習気、輒向之而低首呈諛辞、及退則相与吐舌而笑豚尾奴之愚。
溥倫為太后小像行除幕礼。此像成於美国画家喀那爾夫人之筆、於美術上殆無甚価値、而装飾窮極豪奢、洵足驚人。在上者極豪奢、而人民困於誅求、此実支那之現状也。

比較すると判るように、転載記事は、論評なしに『万朝報』の記事を正確に翻訳した体裁を取っているが、その転載自体が記事の内容に賛同した

結果のものであったことは、革命勢力の刊行物であるという『警鐘日報』の性格[8]を考えれば容易に想像可能なことであろうし、なによりも、該紙がその記事に先立ってセントルイスの通信員が書き送った「御容辱国」と題する以下のような記事を載せていたことからもそれは判る。

○『警鐘日報』光緒三十年五月十四日（1904年6月27日）「要聞」欄
聖易路会場要事。本社昨日得聖易路通信員西歴六月二日来函所言如左。甲、御容辱国。太后画像到美後、博覧会総理以西国従古会場無以女像懸入博賽者、屏而不納。且謂、所絵御容儼然三十許麗人、与太后流伝近年之像老少迥別。太后絵此少艾容顔頗為輿論所譏、美国游戯報中尤多褻瀆之詞。至贈美総統之御容画像一分、美総統亦以西洋尊貴婦女、苟非与人結婚、曾不贈人照片。此次若収太后画像即近於褻、遂将所贈之像送回中国使館。

　セントルイス万国博覧会大事記。本社昨日在セントルイス通信員より陽暦6月2日付発信の書簡受領、その内容左記のごとし。
　甲、御容国を辱める。西太后の肖像画のアメリカ到着後、博覧会総理会長は、かねてより西洋諸国においては人々が集う場で女性の肖像を品評に供するような習慣がないことを理由に出展を認めず受け取らなかった。かつ会長の申すには、描かれている人物は年の頃30ばかりの麗人で、伝え知る西太后の近年の姿と年恰好が随分異なる、とのこと。西太后がみずからをこのように年若い相貌に描かせたことは、世の謗るところとなり、アメリカの大衆紙にはとりわけ軽侮の辞が踊った。アメリカ大統領へ贈呈した肖像画1幅に至っては、西洋社会は婦人を尊び、独身の場合は他人に写真を贈ることはあり得ず、今回もし西太后の肖像画を受け取ればそれは卑褻の振る舞いに等しい、との大統領の判断によって、贈られた肖像画を中国公使館に送り返したという。

ところで、この後者の記事が上海に向けて発送されたのは6月2日のこととなっている。この日付を「聖容」のアメリカへの搬送に関する時間的

第 7 章　その後の西太后の肖像画：ながめられる「身体」　101

推移に照らし合わせると、記事内容に不可解な点があることが浮かび上がってくるのである。

　前章でも確認したように、「聖容」のセントルイス到着は光緒三十年四月二十九日（1904年6月12日）、万国博覧会会場到着は翌三十日（同13日）のことである。従って記事が書かれた、また発送された時点において「聖容」はまだ搬送途上にあり、通信員を含め何人たりとも「聖容」を見ることは物理的に不可能であったはずである。ましてや、アメリカ合衆国政府へのその贈呈は、博覧会閉幕後の翌1905年1月15日のことであり、大統領が贈呈された肖像画を受領せず、中国公使館へ送り返したという記事の内容は、やはり時間的におかしいものであるし、その後の事実とも相違するものである。なぜ『警鐘日報』はこのような虚構の記事を掲載したのであろうか。

　実は、同紙は、西太后の世界デビューに関して、博覧会が開幕する以前から積極的かつ批判的な報道を続けていたのだった。ただし、報道の対象は、肖像画ではなく「銅像」であった。

　以下、それらの記事を引いてみよう。

○『警鐘日報』光緒三十年三月十二日（1904年4月27日）「時評」
　太后之銅像
　銅像計重八千斤、高一丈五尺、寛九尺、厚二尺五寸。或云、将運往美国聖路易賽会。夫賽会乃比較貨物優劣之場、不知置此銅像於彼、果為何用。将以為比較鋳工之優劣乎。則何物不可鋳、而必以其像。如以為比較人物而然、則五洲各国之君主之総統皆有銅像而後可以評量高下。否則以独一無二之太后之銅像販運於万里之外、吾未見其可以重国威而修鄰好也。或曰、非也。将置銅像於聖路易之博覧院、為中国与会之紀念物、如上海租界之巴夏礼鉄像。然吾華人見巴夏礼鉄像則愧走駭汗、罄長江五千里之流水、不能洗此恥辱。豈以太后銅像置聖路易埠上而亦能使美人動如是之感情乎。不能使美人動如是之感情、則又何取乎此等不足重軽之紀念物。且太后養尊処優於北京宮闕中、人皆以老仏爺呼之。或者丈六金身、可以抗

衡印度之寺院。然印度亡国之余、何足召世界之歓迎。況美国又無佞仏之妖人。吾恐焚香頂礼亦不能極忱尽敬供奉無上之荘厳矣。然則太后何取乎美国而必欲以銅像贈之乎異哉。

　西太后の銅像
　この銅像は、重量8千斤、像高1丈5尺、幅9尺、厚さ2尺5寸の規模で、ある者の言によれば、アメリカのセントルイス万国博覧会に送られることになるという。博覧会とは産物の優劣を競う場なのだから、本像をかの地に置くことに何の意味があるのだろうか。それとも鋳造技術を競うためなのであろうか。そうであるならば、なぜ他物ではなくこの像を送ろうとするのであろうか。もし人物の比較のためというならば話は判るが、世界五大陸各国の君主、元首すべてを銅像に造り成してのち、人物の優劣を評価できる訳であるから、唯一西太后の銅像のみを遠く万里の彼方に運んでも、国威の発揚、友好関係の構築に資するとは思えない。人によっては、私のこの見方を誤りだと否定し、銅像をセントルイスの博物館に収めるのは、我が国が博覧会に参加したことを記す記念物であり、上海の租界に立つパークス像のようなものだという。しかし、我等中国人は、パークス像を眼にするや恐懼遁走するありさまで、たとえ長江5千里の水すべてをもってしてもその恥辱は洗い流せない程のものがある。西太后の銅像をセントルイス市中に建てたとしても、アメリカ人に同様の感情を抱かせることができるだろうか。もし不可能というのであれば、このような役にたたぬ記念物にどのような意味を見出せるというのか。そもそも西太后は、北京の雲居の宮に諸人にかしずかれ安逸な暮らしを送り、「老仏爺」と呼ばれている。それゆえあるいはその姿を丈六金色の像に造り成せば、インドの寺院と拮抗可能かもしれない。しかし、それはインド滅亡後の残光を利用することに過ぎず、世界の人々の歓迎を受けるには不十分である。ましてやアメリカに仏に諂う奇人がいるとも思えぬので、かの地において焼香拝礼を施そうとも「無上の荘厳」に誠心誠意お仕えしたことにはならぬだろうことを私は危惧するのである。だとすれ

ば、西太后はアメリカに何を得ることになるのだろうか。かたくなにアメリカに銅像を送ろうとすることの可笑しなことよ。

○『警鐘日報』光緒三十年三月十三日（1904年4月28日）「時評」
人類館多一参考品
噫、巍巍大銅像、胡為乎来哉。彼非自由之神、彼非建国之傑。全体之銅、特我民之膏血耳。往年、我曾読一西籍、名為中国故事、歴言庚子縦拳之禍。内掲一婦人像、有二面首。一作笑容、一獰獰如怪獣。一手持小刀、一手伸於後作要銭状。烏呼、庶幾其真相之万一耳。鋳銅何為者、無謂、無謂。不過聖路易人類館中多一参考品而已矣。

人類館に参考品を加える
ああ、巍々たる大銅像。何のために来たる。彼は自由の女神に非ず、彼は建国の英雄に非ず、像なす銅は、我が民の膏血ぞ。昔年、読みたる一洋書、名付けて中国物語。つぶさに説くは拳匪の禍。書中掲げし婦人像、双面人のその姿。一面笑みを浮かべしも、一面怪物凶悪相。一手は小刀握り凄めれど、一手は金銭求め差し伸ばす。ああ、当人のかくのごとくならざるを願うのみ。銅もて鋳るは何のため。無意味ぞ、無意味。セントルイスの人類館にただ一参考品を加えるのみ。

○『警鐘日報』光緒三十年三月十九日（1904年5月4日）「地方記聞」北京
鉄路旋拆
前為送太后銅像至天津、特於崇文門修築鉄路至外務部。及初六日銅像出京後、此路旋即拆去。平民汗血供児戯耳。

鉄路たちまち撤去
以前、西太后の銅像を天津に搬送するために、崇文門より外務部まで鉄路を敷設したが、この六日に銅像が北京を出立したのち、その鉄路はたちまちのうちに撤去された。このような仕儀は民衆の膏血を児戯に供することに他ならない。

「銅像」の送り先が「美国聖路易賽会」であり、その設置場所として、今日、セントルイス万国博覧会を語る際には悪名を付与されて振り返られることの多い「人間の展示」スペース[9]――記事中の「人類館」という表現は、同博覧会開催の前年、1903年に開かれた第5回大阪国内勧業博における同種の展示スペースである「学術人類館」、それも中国人を「野蛮人」と同列に展示したことで、留日清国学生を中心にした劇烈な抗議活動を惹き起こし、外交問題にまで発展したいわゆる「大阪博覧会事件」の記憶[10]に基づいた表現であることは容易に想像が付く――を想定していること、また、「銅像」運搬用に北京城内に鉄道をわざわざ敷設したという内容から考えて、この「銅像」が、実際に鋳造されたものを指すのではなく、カールの手になる肖像画を誤解したものであることは間違いない。

こうした誤解が生じるためには、そもそも「銅像」に対する理解、イメージが共有される環境が整っている必要があるだろう。

第2章で明らかにし、また、補章において述べるように、中国人の間に西洋式の「コメモレイション」装置としての「銅像」に関する理解が広まるのは20世紀を迎えて以降のことであった。

光緒三十二年（1906年）、上海の徐家匯にドイツのクルップ社から送られた李鴻章像が建ったことで「銅像」は新来の「コメモレイション」文化として中国人に学ばれてゆくことになるとともに、それに先立って光緒二十八年（1902年）頃から、主に革命勢力に属する人々によってそれは「想像」される体裁で彼等の「理想」の表象として言説上に数多く「建って」もいたのである。

つまり、西太后の「分身」がアメリカに渡りゆくとの情報に接した人々が、それを「銅像」に「想像」する条件はすでに一定程度整っていたのであり、また、革命勢力側にとってはなおのこと言説的に「想像」しやすい状況が用意されていたといえるのである。もちろん、彼等が「想像」する西太后の「銅像」が表象する内容とは、言説上でのそれに託した革命の理想とは正反対のもの達――「無意味」と「恥辱」、そしてセントルイスの日本人特派員が書き送ったような「支配者失格の烙印」であった。

次に引く続報から明らかなように、その「誤解」は程なく解消されることになった。

○『警鐘日報』光緒三十年三月二十三日（1904年5月8日）「地方記聞」
北京
絵像之保険費
太后絵像赴賽一事、聞由中国海関運寄会場、不復特派専員、然已特費保険費五万両矣。
　画像の保険料
　西太后の画像の万国博覧会出展の件に関し、聞くところによると、税関を経て会場へ向け発送され、この先専門の係官の同行は不要となったものの、すでに保険料5万両を無駄に支払ったという。

これ以降西太后の「銅像」は「絵像」へと修正のうえ報道されてゆくことになるのだが、西太后の「分身」がいかなる「像」に姿を変えようとも、それに対する否定的立場に立った「想像」は事実とは別個に維持され（必要とされ）、先に指摘したような不可解な西太后「像」を産み出すことにも繋がったのである。

以上のように、セントルイスにたどり着いた「聖容」には、様々なまなざしが注がれることになったのである。それらは、実物の肖像画に実際に注がれるそれ以外に、架空のまなざし、しかも、ありもしない虚像を「想像」してまで注ぐまなざしを含み込んだものであった。
こうした文字通り虚実入り混じった複雑なまなざしが生まれた背景には、いま明らかにしたように、日本の、そして中国革命勢力の「政治」の存在が指摘できるのであるが、さらに、この肖像画が描かれ、海を渡ることになったそもそもの理由が、ヴィジュアルイメージを利用した西太后のイメージ改善計画というやはり「政治」であったことを思い出す時、そして、その前代未聞の計画を実現可能にしたのが、万国博覧会や、西洋式外交儀

礼に対する知識と理解に裏打ちされた西太后の「政治」的決断であったことに思い至る時、西太后が、近代の中国人にとっての身体と政治の関係において、これまで取り上げてきた林則徐、李鴻章、郭嵩燾に見出すことのできたそれを合わせ具えつつ、さらにそれらを越え出た新たな地平を切り開いた人物であったことが改めて理解されてくるのである。

注
1　第6章、注16王正華論文。
2　『万朝報』については、万朝報刊行会編の影印版（日本図書センター　1983年　東京）を使用した。
3　4　第6章、注16の楠元2007年論文。また、セントルイス万国博覧会への日本の参加の経緯と意味を扱った研究には、以下のようなものがあり、参照した。
　　畑智子「19世紀世界の中の日本──セントルイス万国博覧会にみる文化交流とナショナリズム──」（『神戸市外大外国学研究』第44号　1988年）。
　　伊藤真美子「1904年セントルイス万国博覧会と日露戦時外交」（『史学雑誌』第112巻第9号　2003年）。
5　『時事新報』については、国会図書館所蔵マイクロフィルムを使用した。
6　『時事新報』明治三十七年九月十七日　大西特派員「聖路易博覧会と事務局（下）」。
7　『警鐘日報』については、中国国民党中央委員会党史史料編纂委員会影印『中華民国史料叢編』（1968年　台北）所収の影印版を使用した。
8　中国社会科学院近代史研究所文化史研究室　丁守和主編『辛亥革命時期期刊介紹』第5集（人民出版社　1987年　北京）の『警鐘日報』の項目に詳細な紹介がある。
9　「人間の展示」スペースについては、第6章、注16の久本2006年論文に詳しい。
10　「大阪博覧会事件」に関しては、坂元ひろ子『中国民族主義の神話　人種・身体・ジェンダー』（岩波書店　2004年　東京）第1章、中国民族主義の神話──進化論・人種観・博覧会事件を参照。

■第8章
西太后の肖像写真：
商品化される「身体」

　セントルイス万国博覧会会場において、西太后の肖像画に様々なまなざしが投げかけられている最中の1904年7月7日、『時事新報』は「清国西太后最近肖像」というタイトルのもと2段抜きの扱いで西太后の肖像を掲載した。やや不鮮明ではあるものの、この肖像は明らかにカールによって描かれた肖像画とは異なるものであった。そのように断定できる根拠は、肖像に付せられたキャプションのなかに見出すことができる。キャプションには「従来西太后の肖像と称するものの多くは真の写真にあらざりし由なるが此に掲ぐるは清国知名の某氏が特に允許を得て撮影したる最近の写

図15　『時事新報』掲載の「清国西太后最近肖像」

真より写したるものなり」とあり、その肖像が肖像画ではなく、肖像写真（のプリント）であったことが判るのである。

　それにしても、周囲をすべて国際関係から見た日露戦争の分析記事が取り巻くなかに大写しで西太后の肖像をキャプションのみを付して置くレイアウトは見るものに奇妙な印象を与えるものである。いったい『時事新報』はどのような意図を持って、この時期、紙面のこの位置にそれを掲載したのであろうか。

　先にも述べた通り、『時事新報』は『万朝報』とともにセントルイス万国博覧会に対し、特派員を派遣するなど熱心な報道姿勢を取っていた（事実、西太后の肖像を掲載した７月７日当日にも大西理平特派員の記事が掲載されている）。その当然カールの肖像画の情報を知るはずの『時事新報』が、肖像写真の方を掲載したのである。

　年の頃30ばかりの麗人として理想的に描かれた西太后の存在を知ったうえで現実の70歳の老女の姿のままの西太后を日本の読者に示した目的は明らかであろう。それは、西太后に対する強烈な皮肉であり、清朝の後進性の強調である。これは、ひいてはアジアの盟主たることを目指しロシアとの戦争を遂行しつつある日本の国際的地位の確認にも繋がるものであったろう。「清国西太后最近肖像」が日露戦争関連記事のただなかに載せられた理由はこのように解釈することができるのである。

　みずからの肖像写真によってみずからの肖像画が否定される。西太后の「分身」はそれが同時に複数存在したことによってもまた政治的に利用され、ながめられることになったのである。

　ところで、西太后自身は、肖像画に比べよりリアルにみずからの姿を留めることになる肖像写真、それを可能にする写真技術のことをどのように理解していたのだろうか。

　すでに一度触れておいた通り、コンガーによって肖像画制作を提案された際、「一度もお写真さえお撮らせになったことがありません」とその実

第8章　西太后の肖像写真：商品化される「身体」　109

現に御前女官から否定的観測が示されていた西太后は、間もなくレンズに進んで向き合うことになった。

　現在においては、西太后の写真好きは周知の事実であり、専論、専著も存在する[1]程である（その多くには、本書でも利用した徳齢、容齢姉妹の回想録からの引用が見られる。その理由はすぐに明らかになるだろう）。いま、それらを参考に西太后と写真の関係について簡述すると、彼女と写真技術との接触は、光緒十二年（1886年）に醇親王奕譞が功臣の顕彰を目的とする「四案図」の制作に写真を用いるよう提案した時に始まり、その後、光緒二十八年（1902年）に駐清ロシア公使を通じロシア皇帝、皇后の肖像写真が贈られたことで強い興味を抱くようになり、ついにカールによる肖像画制作をきっかけに、徳齢、容齢姉妹から写真技術に精通する兄、勛齢を紹介され撮影に及んだ、とまとめることができる。

　西太后が、いかにこの新来の複製技術に魅了されたのかについては、徳齢、容齢姉妹の回想録の記述や、故宮博物院に残る100枚以上のプリント[2]、そして光緒二十九年七月（1903年9月）に作成された「聖容帳」という名を持つ撮影リスト等[3]によって知ることができる。

　もちろん、西太后が熱中する以前に、写真技術は中国にもたらされていたし、当時すでに記念写真の撮影や、王侯大臣等による肖像写真の制作、交換の習慣も定着しており[4]、諸開港都市には遅れるものの光緒十八年（1892年）には北京にも写真館が開業していた[5]のだった。

　西太后の写真趣味は、従来そうした中国写真史上の出来事のなかに位置付けられ、分析されてきたのだが、いまここで改めて西太后と写真の関係に注目する理由は、先にもその一端に触れてみたように、それが単なる近代中国写真史上の1エピソードに止まらない意味を発揮することになったからである。

　話を本章冒頭部に戻そう。上述のような経緯によってレンズの前に座すことになった西太后のよりリアルな「分身」の1枚を『時事新報』が掲載——それも強い政治的意図を持って——したのだが、それ以前において、

西太后の写真撮影は、その行為自体が強い関心をもって報じられていたのであった。

『時事新報』の肖像写真掲載の2ヵ月程前、『東京二六新聞』[6]は次のような記事を載せていた。

○『東京二六新聞』明治三十七年五月三十一日
　西太后の真影
　　或外字新聞の記する所に依るに、西太后は従来写真を撮ることは絶対的に之を拒まれたるが、過般或外国公使夫人の頻りに勧めしより遂に本邦人の写真師をして尊影を撮らしめたりと云ふ。外国公使夫人の勧めし言に、欧洲各国及米国の為政者の肖像は坊間に販売せられ、臣民は之を購ひ其家の壁上に之を懸け、之によりて人民の愛国報公の念を強むるの用に供すといふにあり。加之清国の前駐仏公使の息女は仏国仕立の非常のハイカラにて、共に熱心に之を勧めたる結果、西太后も遂に我を折て写真師の前に立せられたる次第なり、と。

　この記事からは、それが「外字新聞」由来の内容であることによって、当時、西太后の肖像写真撮影が国際的な関心事として捉えられていたことが判るが、それ以外にもいくつかの興味深い情報を引き出すことができる。
　まず読み取れるのは、西太后自身の理解のレヴェルに関わらず、その肖像写真の制作が、西洋世界において伝統的に形成され、さらには近代的視覚技術、複製技術の確立によって（この時点では、明治日本も加わっている）より有効性を発揮することになった、権力者の身体を積極的に開示し、遍在化することを通じての「権力の可視化」の文脈で理解された点である。表現の仕方を変えるなら、西太后がこのたび肖像写真を撮影したからには、必ずやその政治的機能を理解し、同機能の利用を考えてのことであろう、と欧米人、日本人が解釈したという点である。
　確かに、先に分析したように、西太后は肖像画の制作に当たり、それをアメリカに、万国博覧会会場に送り出すことの政治的意味を理解していた。

第8章　西太后の肖像写真：商品化される「身体」　　111

　ただ、それはあくまでも外交的機能についての理解——第6章で記したように、肖像写真に関しても同様の機能は理解していた——であり、中国国内にあっては、それが「聖容」として終始伝統的儀礼空間のなかで扱われていたことから判るように、「権力の可視化」に資する道具として制作を認めた訳ではない。まして、みずからの「分身」について「臣民」が「之を購い其家の壁上に之を懸け、之によりて」「愛国報公の念を強むる」ことなど本人は求めもしなかったことだろう。

　事実、訪華したドイツ皇子、アーダルベルトに言付けられてドイツ皇后へ贈られることになった肖像写真は、写真の主に成り代ってヨーロッパを「遊歴」するもの、つまり「聖容」の場合と同様生きているかのように扱われるべきものと見なされ、また、写真の贈呈に当たっては、外務部大臣が「花衣（官員の礼服）」を着用のうえそれを「黄亭（行幸時の皇帝の行在所、もしくは中国全土に設けられた皇帝の表象たる万歳牌の設置施設。ここではそれを模した運搬道具を指すか）」に載せて恭しく相手先まで送り届けるという儀式が挙行され[7]、しかもそれはその後も写真の贈呈があるたびに繰り返されることになった[8]のだった。

　結局、肖像写真を撮影した側とその状況を想像する側の間には大きな理解の差が存在していたのである。

　しかし、その一方で、『時事新報』がそれを掲載したことからも明らかなように、西太后の肖像写真は外交的儀礼空間を越え出て広がっていたのであった。それはどのような理由で、どの程度の規模で広まり、そしてその結果としてさらにどのような人達によってどのようにながめられることになったのだろうか。

　それらの疑問についての答えのひとつも、やはり前引の『東京二六新聞』の記事のなかに見付けることができる。

　記事には、「遂に本邦人の写真師をして尊影を撮らしめたり」とある。「本邦人」とは日本人のことで、その写真師が、当時、北京の王府井で写真館を営んでいた山本讃七郎[9]であったことは、当時肖像写真を下賜され

た満臣の大官の日記にも記されている[10]通りである。

また、その撮影時期は、天津の日刊紙『大公報』に拠ると、光緒三十年三月十八日（1904年5月3日）——すなわち肖像画がセントルイスを目指して上海を旅立つ1日前のことであったとされる[11]。

つまり、勛齢以外にプロの写真師もまた西太后の肖像写真を撮影していたのであり、それが日本人であったことによって西太后の肖像写真、年齢相応のリアルな姿は日本の新聞に掲載され、不特定多数の人々の視線を浴びることになったのである。

ところが、日本人が西太后の肖像写真の普及に果たした役割は、それだけに止まらなかったのであった。

『中国摂影史』も取り上げているように、上海で出版業を営んでいた日本人、高野文次郎が、有正書局の名義を借りて西太后や皇后（のちの隆裕皇太后）および諸妃嬪の肖像写真を1冊にまとめ販売を開始した[12]のである。

その販売方法は、当時としては極めて積極的なものであった。日刊紙に頻繁に広告を掲載するとともに「新商品」＝写真の新しいヴァージョンの投入、大量購入者に対する値引き等の手段を講じて、消費者の購買意欲をひたすら煽り続けたのである。

現在までのところ確認できるその最も早い広告は、『中国摂影史』も引くように、光緒三十年四月二十九日（1904年6月12日）に上海の日刊紙『時報』の創刊号に載ったものである[13]が、それ以外にも、『申報』や『大公報』に内容を少しずつ変えながら継続的に載る広告を同時期に確認することができる[14]。つまり、『時事新報』よりも早く、日本人によって、しかも中国国内においても西太后の肖像写真が広まりゆく環境が作り出されていたのである。

もちろん、高野の目的は、「権力の可視化」に資するためなどという立派なものではなく、商業的利益の追求である。雲居の彼方におわすやんごとなき人々の姿を眼の当たりにしたい、所有したいという大衆の欲望に沿いながら、もしくは欲望を喚起しながらそれを満たすために写真集を編み、

第8章　西太后の肖像写真：商品化される「身体」　113

供給したのである。
　このパターンは、明治半ばまでの日本における、天皇、皇后、皇族貴顕等の肖像を希求する大衆の存在と彼等にそれを錦絵や石版画によって供給し続けたもの達の関係を彷彿とさせるものである。あるいは高野は、その自国での経験、知識を応用したのかもしれない。
　このように、西太后の肖像写真は、撮影後たちまちのうちに商品化され流通することにもなったのだった。

　さらに、西太后の姿を見たいという中国の大衆の欲求は、まもなく肖像写真の広まりに新しい展開を用意することになった。それはメディアを通

図16　『万国公報』掲載の「清国皇太后像」

図17 『新小説』掲載の「清太后那拉氏」像

じての露出である。

　その先陣を切ったのは雑誌メディアであった。

　日本人によって西太后の肖像写真が中国国内外に広められ始めてから半年後、すなわち光緒三十一年一月（1905年2月）には、発行部数の多さと、進歩的な論調によって大きな影響力を有していた上海の総合雑誌『万国公報』の第193冊や、中国最初の文芸雑誌として知られる『新小説』の第2年第1号（総第13号）が巻頭グラビアにそれを掲載し、不特定多数の読者

第 8 章　西太后の肖像写真：商品化される「身体」　115

のもとへ西太后の姿を届けている。
　また、雑誌メディア以外のメディア、それもより通俗的、大衆的なメディアにも西太后は露出することになる。以下に載せた図版は、年画と総称される、主に民間で育まれ、流通、流行した版画形式の工芸品の1枚であるが、そこにも西太后が登場するのである。民間の工芸品という性格ゆえ、再現性や芸術性は決して高くはないが、西太后の顔が、肖像写真を踏まえて版木に彫られたものであろうことは、容易に想像が付く。

図18　清　蘇州年画『清朝帝王大臣図』（中段左から3番目が西太后）

　この年画自体にもう少しこだわってみよう。この1枚に興味がかき立てられるのは、その体裁のなかに日本の影響を色濃く見出すことができるからである。
　先に述べたように、明治日本にあっても、天皇をはじめとするやんごとなき人々の肖像は大衆によって希求され、その欲望を満たすための「商品」が盛んに製作されていた。そのひとつに石版画があり、明治十四年（1881年）頃から大変な流行を見せたという[15]。
　上掲の年画は、天皇、皇后、皇族および著名政治家を画題にする際、多くの石版画が採用したメダイヨンと呼ばれる楕円形の枠のなかに描き入れ

た肖像を複数取り合わせる形式——それは一般に「皇国貴顕肖像」と呼ばれた——に酷似しているのである。このことから、通俗的、大衆的メディアのレヴェルにおいて西太后の肖像、清国貴顕肖像が不特定多数の人々に所有されてゆく回路に関しても、やはり日本の影響があったことが判るのである。

ところで、日本における天皇の肖像は、多木浩二氏が述べているように、やがて明治政府の独占管理下に置かれるようになってゆく[16]。特に、肖像写真に関しては、黙認されていた錦絵や石版画とは対照的に、当初から厳しい管理措置が講じられていたという[17]。そこにいわゆる「御真影」が制作され、またそれを巡る制度が成り立ったひとつの理由を見出すことができるのであるが、それでは、当時の中国にあっては、権力機構側から、上述のような西太后の肖像や清国貴顕肖像の広まり、商品化に対して批判の声が上がるようなことはなかったのだろうか。

それについては、いまのところ、政権中枢部が示した反応や講じた措置に関する資料を知り得ていないものの、地方のレヴェルにおいては、十分に問題視され、具体的に規制措置が取られたことが判る資料がある。

次に引くのはこれまでにも何度も利用した『警鐘日報』に載った記事である。

○『警鐘日報』光緒三十年六月二十六日（1904年8月7日）「本国紀聞」
　河南近時二則
　祥符孔令、近日又于各照相館出示暁諭。略称、査照相館出售相片、凡各処名勝風景本属無妨、乃有以今上御容率行出售者殊属不成事体。除出示暁諭外、嗣後再有出售御容者、一経発覚定即拏究不貸云云。
　　河南省最近の出来事2題
　　祥符県の県令、孔令が、最近再び県内の写真館に諭告を発した。その内容はおおよそ次の通りである。写真館が販売する写真を調査するに、各地の名勝風景写真はもとより問題なきものの、そのほとんどが今上

陛下の御容を販売するさまは極めて遺憾なことである。諭告を発し戒める次第であるが、爾後再び御容販売の挙に出るものあらば、発覚後ただちに捕縛処断し容赦の余地のないことと心得よ、云々。

○『警鐘日報』光緒三十年六月二十七日（1904年8月8日）「時評」欄
官場之排満派
大清会典未嘗載有皇帝照相不照相之文、大清律例亦無禁止人出売皇帝照片之条。近年皇帝既有照相之挙。以平居自命為奉天承運首出庶物之人、深居簡出、不軽示人以顔面、則人之欲瞻其顔面者、必較如於尋常人為甚。於是遂有売皇帝照片者、以応欲瞻皇帝顔面之人人所需、亦其情也。故日本勧工場出売皇帝皇后太子妃嬪照片、其多如櫛。甚有印皇帝照相於錶面、於手帕者。彼中高貴妓女、且多用之、曾不害其尊王之志。而昨日本報所載河南祥符県孔令、乃有禁照相館出売皇帝照片。然則孔令是挙、殆欲不許河南人瞻皇帝之顔面。是即屛皇帝於河南以外也。嗚呼今之昌言排満者多矣、而求能実行此挙者、則必推孔令為開山祖師。

官界の排満派
大清会典には皇帝が写真を撮影してよいか否かについての記述はなく、大清律例にも皇帝の写真の販売を禁ずる条文はない。近頃、皇帝は写真撮影の挙に出た。皇帝とは、平素みずからを天命を受けたやんごとなき存在と自認し、もっぱら深宮に住み暮らして軽々しく人に顔をさらすことのない人物である。その顔を拝見しようにもとても常人のそれに対するようにはゆかない。それゆえ皇帝が写真を撮ったいま、それを販売するものが現われて、帝顔拝見の要求に応えようとしたのも理解ができるのである。その要求があるために、日本では勧工場に天皇、皇后、皇太子、妃嬪宮女の写真を販売する店舗が櫛比するのである。さらには天皇の写真を時計やハンカチに印刷したものまであって、貴顕から妓女に至るまでの絶大多数がそうしたものを所有するが、だからといってこれまで尊王の心が損なわれるようなことはなかったのである。それに対し、昨日本報が報じたように、河南省祥符県の県令、

孔令は、写真館が皇帝の写真を販売することを禁じた。日本の例から考えると、このたびの孔令の禁令は、河南の人々に帝顔拝見を許さないという意志と理解してよいだろう。結局それは皇帝を河南の外に排除することを意味する。ああ、今日、排満を公言するものは多数いるが、その主張を実行できたものを捜し求めるならば、必ずや孔令をこそその第一に推すべきであろう。

　反清の論陣をもって鳴る『警鐘日報』のことゆえ、記事自体は皮肉が籠もった内容となっているが、大切なことは、すでに光緒三十年（1904年）の夏には、皇帝の肖像写真（おそらく、西太后の肖像写真もそのなかに含めて考えて差し支えないであろう）がすでに河南省の小さな地方行政単位に過ぎない県のレヴェルにあっても商品と化し、流通していた——つまり、それだけ、需要があった——という事実と、それが行政担当者によって取り締まりの対象と見なされたという事実である。
　孔令の取り締まり措置に対して、日本の天皇、皇族の肖像写真を巡る状況を引き合いにして組み立てられた『警鐘日報』の批判は、ホンネ（大衆は君王の写真の所有を熱望する）とタテマエ（だからといって尊崇の念が減じることはない）どちらにも目配せした全うな意見であるといえよう。ただし、この記事には、日本の天皇、皇族の肖像写真を巡る状況の真相についての理解、すなわち、それが、明治政府によって「新しい権力の空間をひらいていかねばならない時代にさしかかった以上[18]」必要不可欠な状況であるとの現実的な認識に根ざしたものでありながらも、やがてそのような立場を取ってきた政府が、「図像内容そのものよりも、近代国家のなかで、その写真を使いつつ、天皇制国家を支える象徴的身体として感じとらせる仕掛けを生み出[19]」し、その「仕掛け」を一元管理のもとに徹底してゆくことになった点——換言すれば、当時の日本にあっては、すでに天皇の肖像が、近代の視覚文化、複製文化、メディア文化の拡大と浸透を背景に肥大した大衆の欲望のただなかを「管理」と「利用」というふたつの政治的思惑が絡み合いながら貫いてゆく地点に掲げられ、仰ぎ見られる存

第8章　西太后の肖像写真：商品化される「身体」　119

在へと変貌していたことへの理解が全く示されていないのである。

　肖像写真という形で皇帝（西太后）の身体を新たに所有することになった清朝末期の中国人に決定的に欠けていたのは、そうした近代政治文化の重要な要素のひとつである「政治」と「身体」の関係についての洞察であり、冷徹な判断なのであった。それは孔令、『警鐘日報』の記者はもちろんのこと、かの西太后にしても同様である。

　しかし、この経験は、まもなく十分に活かされることになるだろう。西太后がレンズの前に座してから10年と経たぬうちに、それは孫文によって学び取られ、応用され、蒋介石が続き、そして毛沢東によってより大規模に、より効果的に中国全土に行き渡ることになった事実は、私達のよく知るところである。

　その西太后と孫文等との間に横たわる断絶とその反面に予想される連接関係、およびその毛沢東への継承の実際については、今後の研究テーマとしたい。

注
1　専論に、林京「慈禧摂影史話」（『故宮博物院院刊』1988年第3期）があり、のちに本論文は、故宮博物院所蔵の西太后の肖像写真を多数配して同氏編著『故宮所蔵慈禧照片』（紫禁城出版社　2003年　北京）としても出版された。
2　3　注1。
4　胡志川、馬運増主編『中国摂影史』（中国摂影出版社　1987年　北京）第1編、第2章、中国摂影的初期時期。
5　北京最初の写真館は、任景豊が開いた「豊泰」であるという。
6　『東京二六新聞』については、不二出版の影印版（1994年　東京）を使用した。
7　光緒三十年四月六日（1904年5月20日）付『大公報』「中外近事」欄の「四門大開紀聞」とのタイトルを持つ記事のなかに以下のような一節がある。
　　皇太后贈徳皇后御像一片、用黄亭抬至外部、於初四日、加車随徳儲君赴津送至伯林、藉代遊歴。
8　当時、外務部会辦大臣の職にあった那桐の日記には、繰り返しその職務を担ったことが記録されている。なお、那桐の日記については、『那桐日記』（新

華出版社　2006年　北京）を使用した。
9　写真師、山本讃七郎については、以下のような日向康三郎氏の詳細な調査がある。

「林董伯爵と写真師山本讃七郎──ルーツ調べの余禄としての古い写真の発掘──」（『史談いばら』第24号　1997年）。

「山本讃七郎をめぐって──続・林董伯爵と写真師山本讃七郎──」（『史談いばら』第25号　1998年）。

「山本讃七郎〔Ⅲ〕──明治の写真師の文書資料」（『史談いばら』第29号　2005年）。

また、東京大学東洋文化研究所に寄贈された山本のガラス乾板に関しては、平勢隆郎、井上直美、川村久仁子編『東京大学東洋文化研究所所蔵古写真資料目録Ⅰ　明治の営業写真家山本讃七郎写真資料目録その１』（東洋学研究情報センター叢刊6　2006年）がある。

10　当時、軍機大臣の職にあった栄慶の日記の光緒三十年四月二十五日（1904年6月8日）の条に以下のような記述がある。

四月二十五日、卯入値、見面謝節賞。公事畢、面賞日本山本讃七郎恭照御容、下塾叩謝。退値、恭捧回寓。

なお、栄慶の日記については、謝興堯整理点校注釈『栄慶日記』（西北大学出版社　西安　1986年）を使用した。

11　光緒三十年三月二十日（1904年5月5日）付『大公報』「時事要聞」欄に「太后照相伝聞」と称する以下のような記事が載る。

伝聞、某公使夫人覲見時、言及各国君主之肖像皆許民間供奉以表其愛戴之忱云云。皇太后頗以為然、択於本月十八日命日本写真師某君赴頤和園為皇太后照相。是日外務部司員陶大均氏入内充当翻訳。従此民間皆得瞻仰御容矣。

12　13　注4『中国摂影史』第１編、第３章、二十世紀初期中国摂影的発展。

14　『時報』創刊号に掲載された広告の全文（『中国摂影史』の引用は一部分のみの引用に止まる）は以下の通り。

○「大清国皇太后真御影」

太后中坐、皇后公主妃嬪等侍立合影一幅、大八寸。上印有太后御璽三枚。聞乃倩某国夫人手影者、始知日前所伝都無一真。茲用某国人従原版晒出、特由京師寄至本局、欲使清国人民咸睹聖容、如西人之家家懸其国主之相也。毎幅一元。凡寄洋来者、必有収条付回。通郵局処不取郵費、信局則原班回件。遠近不誤。

上海四馬路工部局対門　有正書局啓

２週間余りのちには、この広告はタイトルと内容を以下のように変えるこ

第8章　西太后の肖像写真：商品化される「身体」　　121

とになる。
○「皇太后皇后瑾妃真照相」
　此照片並非克姑娘所画之油画、乃新近照出専贈各国公使夫人者。太后中坐、皇后左立、瑾妃右立、後面三人乃裕庚之夫人及二女公子也。上有太后璽印三個、始知以前所見皆是贋本也。毎大張一元、通郵局処不取郵費、信局則原班回件。
　さらにその後、『時報』には次のような新広告が載り、「新商品」の発売と大量購入者への値引きサービスの告知が始まることになる。
○「皇太后以次新照相五種」
　太后扮観音坐頤和園竹林中、李蓮英扮韋陀合掌左立、妃嬪二人扮龍女右立。此相照得最清楚潔白与前次者大不相同、八寸大片、毎張洋一元。○太后扮観音乗栰在南海中、皇后、妃嬪、福晋等皆戯装或扮龍女者刺栰者、六寸片、両張合洋一元。○太后単座像、六寸片、毎張大洋五角。○太后中立、皇后左立、瑾妃右立、裕庚之女公子後立、八寸大片、一元。○○以上太后照相全副共五張、合洋三元。○通郵局処不取郵費、信局則原班回件。凡購二十元者八折、三十元者七折、五十元者六折。請認有正図章、庶不至受欺。
　　　　　　　　　　　　　　　　寄售処　上海四馬路有正書局
　この広告の「請認有正図章、庶不至受欺」という文言からは、すでに類似品が多く出回っていたことが窺い知れる。
　また、『申報』にも、光緒三十年五月七日（1904年6月20日）以降、『時報』の「皇太后皇后瑾妃真照相」と同一の広告が断続的に掲載されることになる。
　加えて、天津『大公報』に掲載された次の広告からは、有正書局の営業地域が華東地区のみに止まらず、北京、天津地区にも広がっていたことが判る。
○「皇太后皇后瑾妃真照相批発」
　此照片並非克姑娘所画之油画、乃新近照出専贈各国公使夫人者。太后中坐、皇后左立、瑾妃右立、後面三人乃裕庚之夫人及二女公子也。上有太后璽印三個、始知以前所見皆是贋本也。毎大張一元、通郵局処不取郵費、信局則原班回件。凡購十元者八折、三十元者七折、五十元者六折。現在贋本翻印甚多、請認明有正書局図章、庶不至受欺。
　　　　寄售処　北京廠西門有正書局　上海四馬路有正書局　高野文次郎啓
　なお、西太后の肖像写真の販売に、最も早く携わったのは有正書局ではなく、当時の上海における有名写真館のひとつであった、耀華照像であったと思われる。『申報』には、『時報』創刊号に先立つこと1ヵ月前にすでに耀華照像によって次のような広告が掲載されていたからである。
○「請購御容小照」

当今皇太后御容小照、毎張価洋五角。欲購者寄信上海耀華照像不惧。
　耀華照像がどのような経緯で「皇太后御容小照」を入手したのかは、いまのところ明らかではないが、それが「商品」と認識されていたことは間違いない。
15　増野恵子「額絵雑考」(描かれた明治ニッポン展実行委員会編『描かれた明治ニッポン〜石版画〔リトグラフ〕の時代〜〈研究編〉』[2002年] 所収)。
16　17　18　19　序章、注3『天皇の肖像』。

■補　章

「銅像」の想像：革命・ルソー・銅像
―中国近代におけるルソー受容の一側面

1　もうひとつの「銅像ブーム」

　光緒三十二年一月二十八日（1906年2月21日）、上海、徐家匯の一画を占める李丞相祠堂において、1,000名近い列席者を前に、像高3メートル余り、大理石の台座を含めれば全高9メートルの偉容を誇るあるじ、李鴻章の銅像が姿を現わした。かつてドイツの鉄鋼、兵器メーカー、クルップ社が、世界周遊中の李鴻章の訪問（1896年6月）を記念して制作したものをその死から4年後に遺族に寄贈してきたのである。

　この銅像が、単に野外にそそり立つその「巨観」によってたちまちのうちに滬城の名勝と化したのみならず、同胞を記念・顕彰するための西洋式「銅像」の建立を中国人みずからに計画、実行させることになった、すなわち清朝末期の中国社会に西洋世界において19世紀半ば以降発展、定着した「コメモレイション」装置としての「銅像」を受容する道を開くことになった点については第3章において論じた通りである[1]。

　李鴻章の銅像の渡来とは、中国人、中国社会にまさに「身」をもって身体と政治の新しい関係を指し示した画期的な出来事だったのである。

　ところが、李鴻章の銅像が上海、徐家匯の地に圧倒的な存在感を誇る数年前より、「銅像」はすでに一種のブームとさえいえる程頻繁に言説・詞章上でその姿を中国に現わしていたのだった。光緒三十二年以前に、中国人によって様々な「銅像」が想像され、彼等の心のなかに聳え立っていたのである。

　そのブームの開始の時期は予兆も含めると、光緒二十八年（1902年）頃、

すなわち李鴻章銅像の渡来の4年前にまで遡り得ることができそうである。以下に同年より光緒三十年に至る言説・詞章を挙げてみよう。

○観雲「余作新寿命説」『新民叢報』第8号　光緒二十八年四月十五日（1902年5月22日）「文苑」欄
　　髄脳肝腸為国牲、不須万派動哀鳴。崔巍銅像祇塵相、芥子金身偺大横。
　　　この身体たとえ犠牲となろうとも、哀号上げ続けるには及ばず。巍巍たる銅像もただに世俗の誉れ、微小の仏身も擲たば巨大[2]。

○章炳麟「獄中答新聞報」光緒二十九年閏五月十二日（1903年7月6日）付『蘇報』「論説界」欄
　　天命方新、来復不遠。請看五十年後。銅像巍巍立於雲表者、為我為爾。坐以待之。無多聒聒可也。
　　　天命はまさに新しく変わろうとし、一陽来復も遠くはない。50年後を見よ。雲を凌ぎ高く銅像がそびえ立つのは、私であるか君であるか。じっと座して待て。これ以上やかましく騒ぐな[3]。

○無署名「寄太炎」『江蘇』第6期　光緒二十九年八月一日（1903年9月21日）「文苑」欄
　　憑君不短英雄気、斬虜勇肝憶倍加。留個鉄頭鋳銅像、羈囚有地勝無家。
　　　君が英雄の気概乏しからずとはいえ、鞭虜斬りし胆力のいかばかり。屍首処を異にせば銅像と鋳らん、囚われの身も家無きに勝らん[4]。

○剣公「海上大風潮起放歌」　光緒二十九年六月二十一日（1903年8月13日）付『国民日日報』「文苑」欄
　　……請看後人鋳銅像、壁立万仞干雲霄。廿一勢頭廿紀末、偉人名姓全球標。……
　　　……御覧あれ、後人ために銅像を鋳て、その屹立して雲を干すさまを。来世紀初頭今世紀末、偉人の姓名は全世界の師表とならん……[5]。

○吹万「女子唱歌」『女子世界』第3期　光緒三十年二月一日（1904年3月17日）「文苑」欄
　　康石隆隆好名誉、学成同領頭等拠。莫謂女子何足数、行看巾幗扶国歩、銅像後人鋳。
　　　康、石両女子（光緒七年［1881年］に女性として初めてアメリカに留学し医学を学んだ康愛徳と石美玉の両名）の名声こそ我等が誉、学業を修め最優等に輝く。女子に見るべきものなしという勿れ、いまに見よ、女子の国運を扶持し、後人ために銅像を鋳て嘉するを[6]。

○浮渡生「従軍行　仿十送郎調」『安徽俗話報』第6期　光緒三十年五月十五日（1904年6月29日）「詩詞」欄
　　送郎送到十里亭、雕鞍的駿馬趕前程。他年遂了封侯願、銅像的巍巍拝郎身。
　　　いとしき君を十里亭まで送る、なぜに飾り鞍の駿馬は先を急ぐ。いつの日か立身出世の願い遂げ、銅像と鋳られし君を拝さん[7]。

　以上の資料からは、当時、いかに多くの中国人達が、自分や自分達、そして自分にとってかけがえのない存在がやがて銅像に鋳られ、天地の間に堂々たる姿を現わし、人々に仰ぎ見られることを夢見ていたのかが読み取れるだろう。
　それでは、彼等の「銅像」に対する憧れ、「銅像」の「想像」とは何によってかき立てられることになったのであろうか。そして、その「想像」はなぜ世紀の変わり目を越えた頃から開始されることになったのだろうか。

2　「銅像」の知識

　上海で李鴻章の銅像を仰ぎ見る経験を持つことになる以前の中国人に西

洋式の「銅像」に触れる機会が全くなかった訳ではない。

第3章において確認したように、李鴻章の銅像が立つ以前の上海には少なくともフランス領事館の敷地内に立てられた海軍提督プロテー像（同治九年［1870年］建立）、イギリス租界居留民の発議により外灘に立てられた外交官パークス像（光緒十六年［1890年］建立）の2体の銅像が存在していた。しかし、すでに述べたように、それらはその建立場所ひとつ取ってみても判るように「中国人にとって、あくまでも他者が他者の論理に基づいて作り上げた、そもそも理解することも求められてはいないし、また理解することも必要ない性質の「身体」」[8]に過ぎないもの達であった。このようないわば中国人とは切り離された状態で存在する政治的身体が、前引の言説・詞章の主達に自分達の「銅像」の想像を喚起させることになったとは考え難い。

もちろん、直接の「銅像」体験以外にも、清朝末期の中国人が「銅像」に関する知識を得ることは可能であった。それは、西洋世界において「銅像」を実見した人々によってもたらされた。

次に引くのは、その最も早期の体験者のひとりである王韜の記録である。

王韜については、以前、第1章おいて、ロンドンで蠟人形に作り成された林則徐に遭遇しその体験を旅行記に書き留めた最初の中国人として論及したことがあったが、同じ旅行記には、ロンドン市内の「銅像」に関してのその「コメモレイション」機能の理解にまで及んだかなり正確な記述を見出すことができる。

○『漫遊随録』巻二「遊覧瑣陳」
　遊覧之所、非止一処。城中街衢、多樹華表、植石柱、以銘功勲、而彰儀表、如中土之造塔立碑建牌坊然。其制度巨細高低不一、鋭上而豊下、四周鐫字、刻石其頂、肖鋳其人之像、或立或乗馬、観其像如睹其人。彼有豊功偉績、徳望崇隆者、託貞珉吉石以垂不朽、令後之人仰止徘徊、倍増欽羨景慕之思、教世之意亦良深矣。
　市中の街衢に、華表や石柱が数多く建ち、偉人の功勲を刻み、世の師

表を顕彰するさまは、我が中華において塔や碑、牌坊を造立するのに類する。その様式、大小、高低は一様ではないが、一般に上すぼまりの体で、四周には文字を刻み付け、最上部を彫り上げて顕彰対象の人物像を造り成す。その姿は立像、騎馬像と様々であるが、見上げる像はその人物本人を思い起こさせる。彼に偉大な功績があり高き徳望が認められる場合、石材を用いてその不朽の伝承を計り、後人に像の周囲を文字通り仰ぎ慕いながら行き交わせることで、敬慕景仰の念をいや増させる。社会教化の志のなんと高きことよ[9]。

「銅像」に関するこのような知識が、李鴻章銅像の渡来以前にもすでにある程度共有されていただろうことは、前引の諸言辞と同時期の言説のなかにも「今者、行其国（日耳曼聯邦、英吉利、西班牙、葡萄牙、澳汰利……）華廈公園、都且麗矣。銅像巍巍、植馳道矣（現在、それらの国々［ドイツ連邦、イギリス、スペイン、ポルトガル、オーストリア等］を訪れれば、大廈公園は閑雅かつ華麗、銅像が巍巍として大通りに屹立している）。[10]」といった記述があることによって窺い知ることができる。

しかし、たとえこうした西洋世界における「銅像」の存在とその機能についての知識が、中国人における「銅像」の想像を可能にしたとしても、依然としてより根源的な疑問、すなわち、そもそも彼等はなぜ「銅像」（および、その「想像」）を必要としたのか、そして、それは中国近代にとってどのような意味を持った行為であったのか、という疑問が残ることになる。

以下、この疑問に答えを与えるための作業を進めてゆくことにしよう。もちろんその際には、「銅像」の想像が始まった時期が十分に意識されることになる。

3 中国人とルソーの銅像

　光緒二十九年頃に盛んになる中国社会における言葉の上の「銅像ブーム」に関しては、実はもうひとつの現象が起きていたことを指摘することができる。

　それは、先に見たように章炳麟等がそれぞれ様々な像主を念頭に自分なりの「銅像」を想像していた一方で、「銅像」をある特定の人物と結び付けて理解し、語ることが繰り返されていたという事実の存在である。その人物とは、18世紀のフランスの思想家、ジャン＝ジャック・ルソーである。

　以下、その例をいくつか挙げてみよう。

○陳天華『猛回頭』　光緒二十九年（1903年）上半期[11]
　　当明朝年間、法国出了一個大儒、名号盧騒、是天生下来救度普世界的人民的。自幼就扶弱抑強的志気、及長、著了一書、叫做民約論……人人都追想盧騒的功労、在法国京城巴黎為盧騒鋳一個大大銅像、万民瞻仰、真可羨呀。

　　　我が国の明代に相当する頃、フランスにひとりの大哲人が現われた。その名をルソーという。彼こそ全世界の人民を救済すべく天がこの世に遣わした人物である。ルソーは、幼き頃より弱きを助け強きを挫く気概に富み、長ずるに及んで『民約論』という書物を書き上げた……人々はルソーの功績を追慕し、都のパリに巨大な銅像を建立したのである。万民の尊崇のまなざしを浴びることのなんと羨ましいことか[12]。

○柳亜子「放歌」　光緒二十九年（1903年）
　　我思欧人種、賢哲用斗量。私心窃景仰、二聖難頡頏。盧梭第一人、銅像巍天閽。民約創鴻著、大義君民昌。胚胎革命軍、一掃粃与糠。百年来欧陸、幸福日恢張。

　　　我思う欧州人種中、賢哲あまた出づるとも、我が敬慕の情を寄せ得る

は、二聖を措いて他に無し。ルソーは第一等の賢者にて、銅像高く聳え立つ。民約唱え大著為し、大義は君民にゆき渡る。革命軍を胚胎し、世の糟糠を一掃す。100年この方欧土には、日々幸福の広がりゆくを見ゆ[13]。

○星恒「乙巳重九登富春鸛山感賦二律（其二）」『復報』第3期　光緒三十二年五月二十五日（1906年7月16日）「文苑」欄

三千余年盲日月、二十世紀大風潮。国魂死到輪廻日、民気昌於専制朝。淬礪金刀継誠意　荘厳銅像偉盧騒。頭顱鉄錬休辜負、且上昆侖賦大招。

3,000余年の盲いたる日々に別れ告げ、20世紀の大潮流に乗る。死せる国魂いまや復活の日を迎え、民気この専制の世に燃え盛る。烈火もて利剣を鍛え誠意を継がん、その主たるや銅像たりしかのルソー。汝獄に繋がるるとも悔ゆるなかれ、崑崙山上にて進ぜん招魂の賦[14]。

上海に李鴻章の銅像が立ち、名勝と化す以前の中国において、「銅像」がこれだけ特定個人名を冠して語られた例は他にない（ただし、旅行記や出洋日記、新聞雑誌における外国の銅像の紹介記事は除く）。ある時期の中国人にとって、「銅像」といえばルソー、だったのである。

それでは、章炳麟等にとっての「銅像」とこのルソーの銅像はどのような関係にあったのであろうか。一方が他方の存在を喚起したような関係だったのか、それとも両者には直接の関係はないのであろうか。

この疑問への解答は、改めて1節に引いた章炳麟等の言説・詞章を分析することで得られるだろう。

4　革命、ルソー、銅像

まず、剣公の「海上大風潮起放歌」を取り上げることにしよう。

剣公とは同盟会幹部として反清革命を標榜し活躍した高旭の筆名である。

彼はまた、のちに柳亜子——3節に引いた「放歌」の作者でもあることに注意——とともに革命的詩社「南社」(宣統元年 [1909年] 結成) の発起人のひとりとなることでも判るようにその詩作によっても高い名声を得ていた。この「海上大風潮起放歌」は彼の代表作のひとつで、列強諸国の侵略になすすべを持たぬ清朝を痛烈に批判し、反清革命を訴える内容の長編である。「銅像」が読み込まれた引用箇所は、詩の大詰めにおいて、革命が成って100年ののちにはその担い手達が銅像に作り成されて人々に仰ぎ見られているだろうことを詠った部分であるが、実はその部分に先立つ中間部で「中国俠風太冷落、自此激出千盧騒。要使民權大發達、独立独立聲囂囂（[この欧米の動向は] 俠気衰えし中国に、1,000のルソーを産み出だす。民権伸張叶うれば、独立の声囂々と沸き起こらん)。」と詠っていたことが示すように、高旭は革命の担い手＝未来の「銅像」をあまたの「中国のルソー」達として描いていたのである。

このレトリックは、他ならぬルソー自身がすでに銅像に作り成され「この世の師表」として仰ぎ見られていることを前提に成り立つものだろう。ルソーがかの地において銅像に鋳られ、万民の尊敬のまなざしを浴びる存在になっていたことについては、陳天華も本節に引いた革命パンフレット『猛回頭』で羨望の念も露わに語っている[15]のである。

もちろん、高旭が来るべき革命の担い手に擬え、陳天華が憧れたルソーとは、単に銅像と化したことのみをもって彼等から格段の扱いを受けることになった人物ではない。その背景には、ルソーの思想が彼等を含む同時代の中国人達に与えた圧倒的な影響があったのである。

すでに中国近代政治思想史の分野においてはほぼ常識となっているように、その「中国の辛亥革命にあたえた影響の大きさは、ほとんど人々の想像の域を絶するほどのもの」で、それは「中国のブルジョア革命派」が「ルソーの理論を中国革命の理論的支柱にして辛亥革命をたたかい、清朝支配を打倒した」[16]という事実に基づく。すなわち、ルソーは、革命勢力にとっての一大師表であったのである。それはまた、『民約論』が革命のバイブルとなり、自由、独立、平等といった言葉が革命運動上のスローガ

補章　「銅像」の想像：革命・ルソー・銅像　　131

ンとなっていった過程としても確認できるものである。
　そうした存在であるルソーの銅像が、高旭や陳天華等にとって単なる人物彫像であり得ないのは当然のことであろう。それは、みずからの理想、事業の象徴であり、その理想、事業が世界規模の価値を持ち、承認を得ていることの証しである。そして、将来ルソーと同様に銅像として立ち、人々に仰ぎ見られるさまを語ることこそ、革命の成就、理想社会の到来を予言、予祝することだったのである。

　以上のことを踏まえながら考えると、章炳麟にとっての銅像の意味も具体像を得て理解できるようになるのではないだろうか。
　章炳麟の「獄中答新聞報」という文章は、彼がいわゆる「蘇報事件」——光緒二十九年閏五月六日（1903年6月30日）に起きた、章炳麟が政治的スタンスをそれまでの改良派から革命派へと変更してゆく最中に被った言論弾圧事件——によって投獄された際、その変節を詰る改良派系の新聞『新聞報』の記者から示された質問への回答文である。その最後尾で章炳麟は記者に対して、現在の革命派と改良派の論争の決着は将来どちらの銅像が立っているかによって着くだろう、と言い放ったのである。ちなみに、1節においてこの「獄中答新聞報」の次に引いた無署名の「寄太炎」（「太炎」とは章炳麟の号である）と題する詩は、辛くも捕縛を免れた盟友、烏目山僧黄宗仰が、獄中から発せられた章炳麟の不屈の闘志に呼応して捧げたものである。
　この時期の章炳麟の革命思想への傾斜に関してはすでに様々な研究が存在している[17]が、それらがほぼ共通して指摘する事項に鄒容の影響がある[18]。鄒容とは、のちに大ベストセラーとなってゆく革命パンフレット『革命軍』を著わしたことで章炳麟とともに投獄された人物で、章炳麟の逮捕容疑のひとつも鄒容の求めに応じて『革命軍』に序を寄せたことにあったのであった。
　その『革命軍』が語る革命の基本理念とは「これまでの野蛮の革命とは異なり、「わが天賦の権利を復」しアメリカ独立、フランス革命を手本と

するところの「文明の政体」をめざす文明の革命である」[19]と規定されるが、鄒容がその「文明の革命」のそもそもの産みの親として称えるのがルソーなのである。『革命軍』の第1章の末尾で鄒容は次のように述べている。

○夫盧梭諸大哲之微言大義、為起死回生之霊薬、返魂還魂之宝方。金丹換骨、刀圭奏効、法美文明之胚胎、皆基於是。我祖国今日病矣、死矣、豈不欲食霊薬、投宝方而生乎。苟其欲之、則吾請執盧梭諸大哲之宝幡、以招展於我神州土。不寧惟是、而況又有大児華盛頓於前、小児拿破侖於後、為吾同胞革命独立之表木。嗟乎、嗟乎。革命、革命。得之則生、不得則死。毋退歩、毋中立、毋徘徊、此其時也、此其時也。此吾之所以倡言革命、以相与同胞共勉共勖、而実行此革命主義也。

　ルソー等大哲人の深遠なる学理は、起死回生の霊薬、返魂還魂の貴重な処方であり、金丹が骨を換え、霊薬が効くのと同様、フランス文明、アメリカ文明は、いずれもここに胚胎する。我が祖国は今日病み、死につつある。霊薬を飲み、貴重な処方を得て生き長らえたいと思わないでいられようか。そう思うならば、私はルソー等大哲人の宝の旗を手に持って、我が神州の大地になびかせたい。それのみならず、ルソーの長子ワシントンは前にあり、幼子ナポレオンは後ろにあって、我が同胞の革命独立の手本となっているではないか。ああ、ああ。革命よ、革命。これを得れば生き、得ざれば死ぬ。退くな、立ち止まるな、逡巡するな。いまこそその時だ。いまこそその時だ。以上が私が革命を提唱し、同胞とともに勉励し、この革命主義を実行する理由である[20]。

　『革命軍』自体にはルソーの銅像に関する記述はないが、章炳麟がこの時確実に革命勢力の師表としてのルソーのことを知っていたことから、みずからの銅像の屹立の想像に革命の成功を仮託した章炳麟の頭のなかには、彼への伝達経路は必ずしも明らかではないものの、銅像に作り成され人々に仰ぎ見られるルソーの姿が浮かんでいたと十分に推測できるのである。

補章 「銅像」の想像：革命・ルソー・銅像　133

　さらに、観雲の「余作新寿命説」における「銅像」の意味についても同様の解釈が可能であると思われる。
　観雲とは、いわゆる詩界革命の推進者として活躍し、梁啓超によって「近世詩界三傑」のひとりに数え上げられた[21]蔣智由のことである。
　蔣智由は、後年その思想を保守化してゆくことになるが、この詩を詠んだ頃は、蔡元培、黄宗仰等と中国教育会を組織するなど革命運動に携わっていた。中国教育会について申し添えれば、章炳麟、鄒容が逮捕された「蘇報事件」の『蘇報』は、光緒二十九年五月（1903年6月）以降、実質上中国教育会およびその下部組織である愛国学社の機関紙となっていた[22]。
　このみずからの仏教的処世観に革命運動に対する共感を重ね合わせた連作における「銅像」は、革命に命を捧げる／捧げた人物に対する世俗的評価の代表のように扱われているが、革命を詠む際に「銅像」が連想されていること自体にルソーの銅像の姿を透かし見ることができるのではないだろうか。事実、蔣智由は、本詩に先立って「盧騒（ルソー）」と題する詩を発表している[23]のである。やはり、この時期の中国人にとっての「銅像」の意味を考えようとする時、ルソー（とその銅像）の存在を意識することは重要なのである。

　残る革命思想、革命運動とは一見縁遠そうな吹万と浮渡生の詞章に見える「銅像」についても、以下のような状況証拠の存在を通じおぼろげながらルソーとの繋がりを見出せるかもしれない。
　吹万とは、前出の高旭と伯父の関係にある（とはいえ、1歳違いに過ぎない）高燮の筆名である。高燮はまた高旭同様「南社」にも参加している。高旭との親密な関係、および経歴上の「南社」の存在を考慮すると、彼が中華女子の活躍を称え、その将来を寿ぐ象徴として詠み込んだ「銅像」がルソーの銅像を意識したものであった可能性は高いといえるのではないだろうか。
　一方、浮渡生についてはいまのところその筆名の主を確定することができていない。しかし、引用した「従軍行　仿十送郎調」の掲載誌が『安徽

俗話報』で当ったことから推して、その主要発行人のひとりである房秩五であると推測することができる。浮渡生の浮渡が彼の故郷、安徽樅陽の浮渡山（近名は浮山）のことであり、彼の詩文集も『浮渡山房詩存』と称するというのがその根拠である。

　もしこの推測が正しければ、房秩五本人のルソーに関する知識の度合いについては不明であるものの、『安徽俗話報』発行時の盟友、陳独秀が当時持っていたルソーに関する知識とそこから受けていた影響の大きさ[24]から考えて、房秩五がルソーの銅像を思い浮かべることがあったとしても不思議はないと考えられる。

　これまで進めてきた考察によって、1節で提起した疑問に対して一定の解答を提示することができそうである。

　光緒三十二年に李鴻章の銅像が上海に立つ以前の一時期、突如として中国人の間に巻き起こった言葉のうえでの「銅像ブーム」とは、遠く異国の街角に佇むルソーの銅像の存在によって喚起されたものであった。そして、その異国の政治文化によって作り成された、異人の、しかも垣間見たことさえない「身体」に自身の、盟友の、多くの同胞の「身体」を重ね合わせる「想像」へと彼等を駆り立てたのは、先に明らかにしたように革命の師表であるルソーに対する強烈な憧れであった。彼等がルソーと同等の「身体」を手に入れることとは、みずからに対して「革命の成就、理想社会の到来を予言、予祝する」行為だったのである。この意味において、清朝末期の一時期における中国人による「銅像」の「想像」とは、革命の「想像」であり未来の「想像」でもあったということができるだろう。

5　「銅像」と「国旗」

　結果的に、上述の解答によって、同時に2節で「より根源的な」と言葉を冠して提示した疑問への解答も得られることになったが、本章を締めく

くるに当たって改めて確認して置くべきことがらがある。それは、そのような彼等の「銅像」理解、利用の特殊性についてである。

　一般に「銅像」(それを包括するモニュメント) の建立とは、過去の人物、過去の事績・出来事を記念・顕彰するための行為として実施されるものである。すなわち、「銅像」とは「記憶の表象」なのである。
　李鴻章の銅像が上海に立って以降の中国において企てられた信勤、曾鋳、張百煕等の銅像は、まさしくその意味での「コメモレイション」装置として理解されるものであるし、また、辛亥革命後の中華民国では、なおのこと、西洋世界においてそれが本来果たしてきた「ナショナル・アイデンティティの強化、涵養」という機能を発揮することになった点についてはすでに第3章で述べた通りである。
　ところが、本章で明らかにした近代中国において存在したいまひとつの「銅像」の役割とは、それとは大きく異なるものであった。章炳麟等にとっての「銅像」とは「過去」ではなく「未来」を象徴するものだったからである。
　このことを「コメモレイション」文化自体がそもそも孕むある種の変奏と見るか、それとも中国近代、もしくは遅れて近代を迎えた社会において特徴的に現われる現象と考えるかについては、さらに研究を重ねてゆく必要があるだろうが、ここで、中国近代には他にもこの「未来」を象徴する「銅像」に似かよった表象文化現象が存在したことを指摘して研究の可能性、方向性を提示して置きたいと思う。
　それは「国旗」を巡って展開するものである。
　かつて拙論「大清国「黄龍旗」と20世紀の中国「国旗」」[25]において明らかにしたように、中国近代における「国旗」という外来の政治文化、表象制度に対する理解と受容の過程は大きくふたつに分けて考えることができる。すなわち、清朝が、アヘン戦争以降いわゆる条約体制に引き入れられた結果、多分に外交上の必要性に迫られて「国旗」に対する知識と関心を蓄積し、やがて洋務運動期に黄地に青龍をあしらった「黄龍旗」を「国

旗」化してゆくようになるその一方で、「国旗」という制度を学習した中国人のなかから、みずからの政治的理念の象徴物として「国旗」を想像し言論活動のなかで盛んに使用するもの達——それは当然、「黄龍旗」を否定する革命派である——が現われてくるようになるのである。

　この後者の言葉のうえで翻る「国旗」が本章で検討してきた言葉のうえで屹立する「銅像」と類似した性格を持つ表象であったことは、それが「独立旗」として扱われ、「自由」とセットになって語られていたこと、また迎えたばかり新しい「世紀」の象徴物となっていたことから明らかであろう。前者はアメリカやフランスにみずからの政治的理念の保証を見出そうとする意識の表われが表象化したものであり、後者はその理念が実現した「未来」の新しい中国の象徴として語られたものだったからである。

　このことを考え合わせると、中国近代の一時期における「銅像」の想像の実像も、より明確な輪郭を得て我々の眼前に立ち現われてくることになるといえるのではないだろうか。

注
1　李鴻章の銅像に関する諸情報についても第3章を参照のこと。
2　『新民叢報』については、芸文印書館影印版（1966年　台北）を使用した。
3　湯志鈞編『章太炎政論選集』上冊（中華書局　1977年　北京）。なお、「獄中答新聞報」には西順蔵、近藤邦康編訳『章炳麟集』（岩波文庫　1990年　東京）に邦訳があり、参考にした。
4　『江蘇』については、中国国民党中央委員会党史史料編纂委員会影印『中華民国史料叢編』（1968年　台北）所収の影印版を使用した。
5　『国民日日報』については、同上『中華民国史料叢編』所収の『国民日日報彙編』版を使用した。
6　『女子世界』については、『中国近現代女性期刊彙編』（線装書局　2006年　北京）所収の影印版を使用した。
7　『安徽俗話報』については、人民出版社影印版（1983年　北京）を使用した。
8　第3章参照。
9　『漫遊随録』については、鍾叔河編『走向世界叢書』（岳麓書社　1985～

1986年　長沙）所収版を使用した。
10　大我「新社会之理論」篇一、概念（『浙江潮』第8期　光緒二十九年八月二十日［1903年10月10日］刊。なお、引用は『辛亥革命前十年間時論選集』［生活・読書・新知三聯書店　1960年　北京］第1巻、下冊によった）。
11　『猛回頭』の成立時期については、現在までのところ光緒二十九年（1903年）説と光緒三十年（1904年）説の2説があるが、光緒二十九年八月十五日（1903年10月5日）刊の『遊学訳編』第11期に再版の広告が載ることからも明らかなように、光緒二十九年の夏までには書き上げられていたと考えるのが妥当であろう。
12　『猛回頭』については、羅炳良主編『影響中国近代史的名著』（華夏出版社　2002年　北京）版を使用した。
13　柳無非、柳無垢選『柳亜子詩詞選』（人民文学出版社　1959年　北京）。
14　『復報』については、東洋文庫所蔵版を使用した。
15　かの地に建てられていたルソーの銅像に関する情報を最も早く中国人に紹介したのは梁啓超であろう。梁啓超は光緒二十七年十月～十一月（1901年11～12月）に『清議報』第98～100冊に発表した「盧梭学案」の本文に先立つ前言およびそれに続くルソーの小伝のなかで、その死後、彼に与えられた名誉についてそれぞれ以下のように記している。

○前言
嗚呼、自古達識先覚、出其万斛血涙、為世界衆生開無前之利益、千百年後、読其書、想其丰采、一世之人、為之膜拝賛歎、香花祝而神明視。而当其生也、挙国欲殺、顛連困苦、乃至謀一饘一粥而不可得、僇辱横死、以終其身者、何可勝道。誠一游瑞士之日内瓦府、与法国巴黎之武良街、見有巍然高聳雲表、神気颯爽、衣飾襤褸之石像、非 JEAN JACQUES ROUSSEAU 先生乎哉。其所著民約論 "SOCIAL CONTRACT" 迄於十九世紀之上半紀、重印殆数十次。他国之翻訳印行者、亦二十余種。噫嘻盛哉。以隻手為政治学界、開一新天地、何其偉也。吾輩読盧氏之書。請先述盧氏之伝。

○小伝
一千七百九十四年、法人念盧梭発明新学之功、改葬遺骸于巴黎招魂社、又刻石肖像于日内瓦府。後数年、巴黎人選大理石刻半身像于武良街、至今人称為盧梭街、搢紳大夫、過者必式礼焉。

　両者ともに、スイス、ジュネーヴ、レマン湖畔に立つピエール・パラディ

エの手になるルソー像およびパリ、プラトリエール街に建てられたルソー像を紹介している（小伝には1794年のフランス国民公会の決定によるパンテオンへの移葬についての記述もある）。前言の内容は小伝に基づくものであるから、小伝の成立過程を考えることでルソーの銅像（ただし、両者とも「銅像」とは表現していないことに注意）に関する知識がどのように中国へもたらされたのかを知ることができることになるだろう。

「盧梭学案」の本文は、宮村治雄氏が明らかにしたように中江兆民の『理学沿革史』第4編、第7章、第2の「ルソー」の項に拠ったものである（「梁啓超の西洋思想家論——その「東学」との関連において——」[『中国——社会と文化』第5号　1990年　のち、同氏『開国経験の思想史』〔東京大学出版会1996年　東京〕所収]）が、小伝の基づくところについては、改めて検討が必要である。宮村氏は前掲論文において、小伝を杉山藤次郎の『泰西政治学者列伝』（1882年）の「ルーソー伝」に依拠したものと断じているが、この見解は修正されるべきであろう。梁啓超がルソーの伝記的事実を書き成す際に拠りどころとした資料は、原田潜の『民約論覆義』（1883年）の本文前に付された「屢騒略伝」である。表現、訳語の多くの部分での一致などから両者の関係は一目瞭然である。以下に前引の小伝の一段と「略伝」の該当部分を対照させてみよう。

○小伝
一千七百九十四年、法人念盧梭発明新学之功、改葬遺骸于巴黎招魂社、又刻石肖像于日内瓦府。後数年、巴黎人選大理石刻半身像于武良街、至今人称為盧梭街、搢紳大夫、過者必式礼焉。

○「略伝」
一千七百九十四年、改葬遺骸于巴里府招魂社、又刻肖像于日内瓦府。其後数年、巴里府民購大理石、刻半身像、建于武良徳頴爾街、至今尚称此街曰戎雅屈盧梭街、紳縉学士、過其街者、必式礼焉云。

飯島幸夫氏によれば、この「略伝」は、ディビュイソン社の国民文庫版『社会契約論』に付されたN・ダヴィッドによる序文のなかからルソーの生涯を述べた部分を訳した服部徳の「盧騒小伝」（この「小伝」は、服部訳『民約論』[1877年]本文前に付載）を原田が適当にアレンジして漢文体に改めたものだという（「明治期における『社会契約論』の翻訳について」[『国士舘大学教養論集』第58号　2005年]）。梁啓超が、ルソーの伝記を書くに当たって、原田

重訳版ルソー伝を利用した最も大きな理由は、それが漢文体であったからであろう。

梁啓超の「盧梭学案」は、翌年『新民叢報』に再掲載されるなど、中国人のルソー理解に大きな役割を果たした——したがって、かの地におけるルソー像の存在の知識も同様に行き渡ったことであろう——が、原田訳もそれに劣らぬ影響力を持ったことについて、さらに簡単に触れておきたい。

実は、清朝末期の中国において雑誌に掲載された原田重訳由来のルソー伝記は梁啓超のものに止まらない。『訳書彙編』第1期（1900年12月）に『民約論』の訳載に当たって「盧騒小伝」が、『政芸通報』癸卯第2、3号（1903年2、3月）には「政治学大家盧梭伝」が載るが、これらは楊廷棟が直接原田重訳ルソー伝を利用して書いたものなのである。ルソーの伝記的事実以外の点でも、中国のルソー受容における原田潜の影響は無視できないものがある。狭間氏が指摘するように、本文でも論及した陳天華をはじめ原田訳『民約論覆義』を読んだ中国人は多い（注16参照）。やはり該書が漢文体の訳文だったことがその大きな理由であったと思われる。そして、原田訳によってルソーの伝記的事実を知った陳天華は、その『猛回頭』においてルソーの「石像」を「銅像」と書き換えて紹介したのである。このことが中国における「ルソーの銅像」の認知度の上昇に決定的な役割を果たしただろうことは、『猛回頭』自体の大流行（小野信爾「辛亥革命と革命宣伝」［小野川秀美、島田虔次編著『辛亥革命の研究』［筑摩書房　1978年　東京］所収］）によって容易に想像できるのではないだろうか。

16　狭間直樹「ルソーと中国——中国におけるブルジョア革命思想の形成——」（『思想』第649号　1978年）。

17　代表的な研究のみいくつか挙げる。

小野川秀美『清末政治思想研究』（みすず書房　1969年　東京）第8章、章炳麟の排満思想。

河田悌一「否定の思想家・章炳麟」（小野川秀美、島田虔次編著『辛亥革命の研究』［筑摩書房　1978年　東京］所収）。

近藤邦康『中国近代思想史研究』（勁草書房　1981年　東京）第2章、章炳麟における革命思想の形成——戊戌変法から辛亥革命へ——。

姜義華『章太炎思想研究』（上海人民出版社　1985年　上海）第4章、向封建網羅勇猛衝決。

18　例えば、注17に引いた小野川氏は章炳麟の革命思想の易姓革命から政体の変革への変化に鄒容の影響を強く見るが、近藤氏は章炳麟の思想的軸足は「むしろ「異族を駆除」する「光復」であり、鄒容が述べる「政体」の変革に対

する興味は乏しいと指摘する。また、河田氏は鄒容の影響を認めながらも、「政体」の変革に対する興味の乏しさを章炳麟の思想家としての型に起因させている。
19 注17近藤氏著書。
20 『革命軍』については、周永林編『鄒容文集』（重慶出版社　1983年　重慶）所収版を使用した。なお、『革命軍』には島田虔次、小野信爾編『辛亥革命の思想』（筑摩書房　1968年　東京）および西順蔵編『原典中国近代思想史』第3冊、辛亥革命（岩波書店　1977年　東京）にそれぞれ邦訳があり、参考にした。
21 梁啓超『飲冰室詩話』。
22 『蘇報』の変化および「蘇報事件」に関しては、周佳栄『蘇報及蘇報案1903年上海新聞事件』（上海社会科学院出版社　2005年　上海）第4章、上海政治風潮与《蘇報》的革命化、第7章、"蘇報案"発生的経過和結果が詳しい。
23 世人皆欲殺、法国一盧騷。民約昌新義、君威帰旧驕。力塡平等路、血灌自由苗。文字収功日、全球革命潮。本詩は『新民叢報』第3号（光緒二十八年二月一日［1902年3月10日］刊　「文苑」欄）に掲載された。
24 唐宝林、林茂生『陳独秀年譜』（上海人民出版社　1988年　上海）によれば、陳独秀の改良派から革命派への転向には、日本留学時期のルソーの影響を受けた友人の存在や『訳書彙編』（注15参照）等の読書体験の影響があるという（1901年［清光緒二十七年　辛丑］の条）。また、同年譜は彼が『安徽俗話報』のために書いた文章にもルソーの影響が見られるという（1904年［清光緒三十年　甲辰］の条）。
25 岡山大学大学院文化科学研究科『文化共生学研究』第2号　2004年。

■終　章

中国近代文化史研究と中国人の「身体」

　蠟人形、銅像、油彩肖像画、肖像写真……。

　中国人達は、アヘン戦争を契機に、世界各地でその「身体」を写し取られ、様々な「像」に作り成されてきた。それらのなかのいくつかは、いまなお美術館の展示スペースや書物のグラビアにその姿を留め、私達の即物的な興味の対象となり続けている。

　しかし、たとえ「像」が失われてしまっていても、中国人達が、「近代」という時代において、文明的他者の手で盛んにその「身体」を写し取られ続けたという事実自体が、まことに興味深い文化現象であり、また研究に値する対象であり得るだろう。それは、その事実のひとつひとつに、「身体」を写し取る側の論理と写し取られる側の論理が交錯し、さらに、そこに、「像」が存在することで必然的に形成される「見る」─「見られる」の関係が加わることによって生まれる複雑な認識のドラマの存在を想定することが可能だからである。

　その認識のドラマを読み解き、ひいてはそれを通して、中国の近代を再検討するための視座を獲得する作業として構想されたのが本書である。

　そのうち前者によって得られた成果については、これまでの各章で書き示してきた通りであるので、本章では、それが後者の目論見といかなる具体的な関係にあるのかについて述べ、あわせて本書のまとめとすることにしたい。

　本書のいわば産みの親は、平成17年度から3年間に渡って文部科学省科学研究費補助金を得て実施した研究、「身体論的中国近代文化史研究」によって得られた研究成果であるが、実は、この「身体論的中国近代文化史

研究」は、平成14年度から平成16年度にかけて、同様に科学研究費補助金を得て実施した「中国近代文化史研究——中国近代の自己デザイン」の続編に位置付けられる研究でもある。すなわち、この研究（従って、本書）とは、一連の「文化史研究」、そして中国近代に関するそれを強く方法的に意識して構想された研究だったわけである。

そこで、いま、まずこれら一連の研究において筆者が拠った「文化史研究」の立場について説明したうえで、それと近代を生きた中国人の「身体」との関係について述べてゆきたいと思う。

なお、「文化史研究」の立場に関する内容は、「中国近代文化史研究——中国近代の自己デザイン」の研究成果をもとに本書と時を同じくして上梓することになった『中国近代文化史研究——時間・空間・表象——』（『岡山大学文学部研究叢書』第31号）の序章においても書き記したものとほぼ等しいことをあらかじめお断りしておく。

中国の近代史は、従来、歴史、思想史の分野において、洋務運動——変法運動——革命運動という政治思想史的変遷過程を枠組みに研究されてきた。

もちろんこの単線的な枠組みは、いわゆる「西洋の衝撃」によって、中国近代の知識人達がいかに自強、自存の方法を模索し続け、結果的に王朝体制の維持の失敗と近代国民国家への転進の道を歩むことになったのかを考えるうえでは、いまなお有効性を持ち得ているものである。

しかし、その一方で、この枠組みに囚われていることで、捨象される中国近代史の様々な事象も多いことにも留意する必要があるだろう。中国近代政治思想史を担い、推進したと認定される中心的、代表的な政治的当事者、思想的先覚者の言説のみを取り上げるだけでは、中国近代史のダイナミックな展開を十分に描き出すことは難しいのである。

そうした研究方法上の難点を補うために導入したのが文化史研究の観点である。

広義の文化史研究とは、人類文化の変遷、発展の過程をその諸相につい

終章　中国近代文化史研究と中国人の「身体」　143

て、もしくはそれらの相関関係に着目して記述する研究である[1]が、本研究の場合は、より今日的な研究手法として意識されている。いまそれを文化史研究の現在について判りやすい概述を行ったミリ・ルービン氏[2]の表現を一部利用しながら説明すると、次のようにまとめることができる。

すなわち、文化史研究とは、
① まず文化を秩序を守り、優先権を決める意味の体系であり、実在し、感じられ、想像されることがらの間で有益な関連性を示す意味の体系であると理解したうえで、

② その「意味の体系」を象徴的に示す文化的事象をピックアップし、

③ 史料の「文化的」解読、つまりその事象を種々多様な文化的事象との関連性において分析することを通じて、それを単なる歴史的出来事、思想史的変遷事象のレヴェルから解き放つ。その結果として、

④ 文化のなかに潜む政治や権力の構造を抉剔し、また集団社会にとっての文化の意味を問い返すことが可能になる。

というものである。
こうした研究手法を改めて「中国近代史」研究の文脈のなかに読み込むことで、文化的事象の成り立ちのドラマを通じて、中国の近代を再検討し、政治思想史的枠組みに依拠するだけでは明らかになり得ない実像を描き出し、中国が近代的国家へ生まれ変わる／生まれ変わることを強いられた際に、どのようにみずからを再規定していったのかを明らかにする作業が可能になるのである。
さらに、その作業を十分かつ効果的に進めるために、具体的な研究の実施に際しては、1、従来の政治思想史的枠組みを突破するために、文学、芸術、経済、科学、教育文化、出版文化等の幅広い分野を視野に入れ、2、

中国近代において劇的に拡大し、また、中国を「近代」に立ち向かわせる大きな原動力のひとつとなった日本や西洋世界との文化交流、文化摩擦を意識し、3、研究対象とする文化的事象の選択に当たっては最も中国近代および中国と「近代」の関係を象徴するそれをピックアップする、ことを目指した。

　以上のような研究方針のもと実施した「中国近代文化史研究——中国近代の自己デザイン」の研究では、結果的に、時間、空間、表象の3つに分類される文化的事象を通して、中国近代史における「自己」と「他者」という文化的緊張関係、「文明論的理想主義」と「政策論的現実主義」という清朝政権内部における政治的緊張関係の存在、および、その緊張関係が必然的に将来する「未来」に対するまなざしの形成の様相を明らかにすることになった。

　前者の緊張関係とは、新旧ふたつの「世界システム」の衝突という点において当然のことながら厳しい対立関係を形成するとともに、一方が他方を必要としながらさらにその他方がそれを必要としたものを乗り越える可能性をも孕むという一種の運動体として機能することで、異文化交流をダイナミックに推進する原動力としても働いたと理解できるものであり、後者の「未来」へのまなざしとは、そのまなざしの形成をそもそも要請した外来の「近代」をまなざしの形成主体が積極的に消化した結果のひとつの現われとして理解できるものである。

　それに対し、本書の母胎となった「身体論的中国近代文化史研究」は、研究課題名にも明示したように、「身体」に焦点を当てた研究である。その研究の必要性は以下のように見出されたものである。

　すなわち、前研究における、時間、空間、表象といった文化的事象から「中国」と「近代」の出会いのドラマを探る研究は、結果として、政治や制度の問題としてそれを解明する点においては極めて有効な方法であったが、その反面、ドラマの一方の主役である「中国人」と「近代」の関係、判りやすく述べれば「中国人」が「近代中国人」へと変身してゆく／変身

させられてゆく過程の解明には一部を除き十分に結び付くものではなかったという欠点も有していた。

そこで改めて検討課題となってきたのが、「中国人」と「近代」の関係を扱うための視座の設定であり、その作業のなかで見えてきたのが「中国人」にとっての「身体」の「近代」性の問題だったのである。

もちろん、ひと口に「身体」の「近代」性を探るといっても、その研究手法は多岐にわたる。

「身体」は、周知のごとく、M・モース以来、様々な観点、テーマのもとに研究されてきた歴史を持つ[3]からである。

それら先行する研究のなかで、本研究にとってひとつの指針となったのがM・フーコーによる政治・権力と身体の関係——身体に纏わる政治的技術解明の試み[4]であった。

これは、先に述べた通り、本研究が、その前身である文化史研究の観点に立って中国近代の政治や制度を解読した作業を引き継ぐ——つまり、前研究で得た知識、成果を活用する作業である、という点において、ある意味、必然的な選択であった。研究の過程で取り上げた人物＝「身体」が、林則徐、李鴻章、郭嵩燾そして西太后等の官僚政治家、権力者となった理由のひとつはそこにある。

ひとりひとりの「身体」とは、当然その「身体」の持ち主のものであるが、同時にそれは容易に他者によって所有されてしまうものでもあり、さらには「自己」—「他者」認識の境界面という性格もあわせ持つ。

そうした「身体」が、「近代」においては政治や権力、制度の存在、介入によって、往々にして本人の意思のあるなしに関わりなく作り成され、複製され、さらに「近代」において特権的な権威を認められた「視覚」という「身体感覚」が形成するグローバルな「見る」—「見られる」の関係——林則徐等は、中国近代史上いずれも対外交渉史において重要な位置を占める人物である——のなかでさらに政治化されていった過程の存在を清朝末期の中国において確認し、そして、それが中国人にもたらした新たな意識、「身体」感を考察するというのが本研究の目的であった。

その考察を効果的に進めるためにピックアップした文化的事象が、蠟人形、銅像、肖像画、肖像写真という「像」である。3年間の研究期間において、ほぼ定期的に発表し続けた論考のメインタイトルが「蠟人形・銅像・肖像画」であったのはそれに由来するし、本書のタイトルもまた、それを利用したものである。

以下、本書のもとになった発表論文の初出に関するデータを示して、筆を擱くことにしたい。
　序章、第1章
　　　「蠟人形・銅像・肖像画——中国近代における身体と政治の関係についての覚書(1)」
　　　　　　　　　　　　『岡山大学文学部紀要』第46号　2006年12月
　第2章、第3章
　　　「蠟人形・銅像・肖像画——中国近代における身体と政治の関係についての覚書(2)」
　　　　　　　　　　　　『岡山大学文学部紀要』第47号　2007年7月
　　　「『申報』が伝えた李鴻章世界周遊記」
　　　　　　　　　　　　『中国文史論叢』第4号　2008年3月
　第4章、第5章
　　　「蠟人形・銅像・肖像画——中国近代における身体と政治の関係についての覚書(3)」
　　　　　　　　　　　　『岡山大学文学部紀要』第49号　2008年7月
　　　「蠟人形・銅像・肖像画——中国近代における身体と政治の関係についての覚書(4)」　　　　　　　　　　　　　　　　　　　　（前半部分）
　　　　　　　　　　　　『岡山大学文学部紀要』第51号　2009年7月
　第6章
　　　「蠟人形・銅像・肖像画——中国近代における身体と政治の関係についての覚書(4)」　　　　　　　　　　　　　　　　　　　　（後半部分）
　　　　　　　　　　　　『岡山大学文学部紀要』第51号　2009年7月

第7章、第8章
「蠟人形・銅像・肖像画――中国近代における身体と政治の関係についての覚書(5)」

『岡山大学文学部紀要』第52号　2009年12月

補　章
「「銅像」の想像――蠟人形・銅像・肖像画(2)補論、あわせて中国近代におけるルソー受容の一側面について」

『岡山大学文学部紀要』第49号　2008年12月

注
1　文化史研究の歴史とその多様性に関しては、ピーター・バーク（長谷川貴彦訳）『文化史とは何か』（法政大学出版局　2008年　東京）が要を得た記述を行っている。
2　デイヴィッド・キャナダイン編著（平田雅博等訳）『いま歴史とは何か』（ミネルヴァ書房　2005年　京都）第5章、いま文化史とは何か。
3　M・モース以来の「身体」の研究の歴史については、J・ル＝ゴフ（池田健二、菅沼潤訳）『中世の身体』（藤原書店　2006年　東京）序、身体史の先駆者たち、に要を得た説明がある。
4　第6章、注25。

図版出典一覧

図1 （p.1)、図2 （p.2） 著者撮影
図3 （p.2） 閻樹軍著『紅舞台上的永恒 天安門城楼八版毛主席画像的絵制』（中共党史出版社 2010年 北京）による
図4 （p.9） 張海鵬編著『簡明中国近代史図集』（長城出版社 1984年北京）による
図5 （p.24） 国会図書館所蔵マイクロフィルム
図6 （p.25） 上智大学図書館蔵マイクロフィルム
図7 （p.28） 上海書店影印版（1982年～1985年 上海）
図8 （p.35） 第3章、注2による
図9 （p.35） 蒋廷黻『挿図本 中国近代史』（上海古籍出版社 2004年 上海）所載
図10 （p.41） 第3章、注25による
図11 （p.44） 第3章、注2による
図12 （p.49） 第3章、注23による（東京大学東洋文化研究所所蔵図書資料より複写）
図13 （p.86） With the Empress Dowager of China （1926, Tientsin Société Française de Librairie et d'Édition）
図14 （p.90） 居蜜主編「1904年美國聖路易斯萬國博覽會中國參展圖錄 I 中國參展文化交流篇」（上海古籍出版社 2010年 上海）による
図15 （p.107） 第7章、注5による
図16 （p.113） 華文書局影印『清末民初報刊叢編』（1968年 台北）版による
図17 （p.114） 上海書店影印『晩清小説期刊』（1980年～1982年 上海）所収版による
図18 （p.115） 王樹村編『中国民間年画史図録』（上海人民美術出版社 1991年 上海）所載

あとがき

　本年、2011年は、中国で辛亥革命が勃発してから、ちょうど100年目の年に当たる。したがって、明年、2012年は、清朝、そして中華王朝体制が崩壊して100年目ということになる。
　こうした、中国の歴史における大きな節目の年において、全く偶然の巡り合わせではあるものの、この年を意識して研究を進めてこられた／進められている諸家に伍して、清朝の末期──中国の近代を扱った研究（小著と『中国近代文化史研究──時間・空間・表象──』［岡山大学文学部研究叢書第31号　2011年2月刊]）を公刊できたことは、私にとって大変幸運な出来事であった。
　いま、「偶然」と表現はしたが、もちろん、この「偶然」とは、主に時期的なことについての感慨であって、本研究が成り立ち、ひとつの形を取るためには、様々な「条件」が存在し、また必要であったことはいうまでもない。
　例えば、終章にも記したような予算的裏付けを得て継続的に中国近代文化史の研究に従事できたことや、研究を進めている最中に上海万博が開催（2010年）されたことで清朝と万国博覧会の関係を扱った研究、資料が大量に出版されたことなどは、まさに好「条件」として特記することのできるものである。
　しかし、なににもまして銘記すべきことがらは、これまでに賜った恩師、諸兄・諸姉からのご指導、ご鞭撻であろう。
　私が文化史研究という方法を手にすることができたそもそものきっかけは、北海道大学文学部、同大学院文学研究科在学中に中国語学、音韻学を講じていただいた大島正二先生のご教示である。様々な場において伺った先生のお話や、それを承けての演習での実践経験こそがこのたびの研究の出発点である。
　また、大島先生同様、学部、大学院を通じてご指導いただいた中野美代

子先生には、このたびの一連の研究の過程においても中国図像学研究のお立場から貴重なご助言を賜った。

そして、在学中には直接の指導教官として指導の任に当たっていただき、研究職に就いてからのちも、論文に目を通し続けてくださった丸尾常喜先生には、もはや小著を読んでいただくことがかなわないという悲しい事実も記さなければならない。

その他、岡山大学文学部の同僚の皆様や北京大学留学以来の友人諸氏等、多くの方々に対しこの場を借りて日頃のご厚情に感謝申し上げたいと思う。

白帝社の岸本詩子さんなくしては、小著は陽の目を見ることはなかったかもしれない。末筆ながら、岸本さんが岡山に足繁く通ってくれていたことの幸運に感謝いたします。

索 引

1、索引は「人名（称号）」、「書名・雑誌名等」、「事項」の3種に分かれる。
2、「身体」、「政治」等、本書を通してのテーマに関わる項目は割愛した。
3、項目の配列に当たっては、五十音順を原則とした。欧文項目は、それに続けてアルファベット順に並べた。
4、字面の僅かな相違は無視して、ひとつの項目としたものがある。例えば、「毛沢東の肖像画」と「毛沢東肖像画」については前者に統一して項目化してある。
5、特定の章においてキーワードとなっている、もしくは頻出する語句については、項目のあとに章番号をゴシック体で記す体裁で処理した。例えば「蠟人形〔1〕」は「蠟人形」が第1章において頻繁に現われることを示す。なお、〔序〕は1～6ページ、〔1〕は7～21ページ、〔2〕は23～29ページ、〔3〕は33～45ページ、〔4〕は51～62ページ、〔5〕は65～68ページ、〔6〕は69～90ページ、〔7〕は97～106ページ、〔8〕は107～119ページ、〔補〕は123～136ページをそれぞれの範囲とする。

人名（称号）索引

[あ]
アーダルベルト（ドイツ皇子） 111
アメリカ大統領 100
アルバート公 81
アレン, ヤング（Allen, Young、林楽知） 25

[い]
尹村夫 43

[う]
ヴィクトリア女王　24、81、82、83
ヴィルヘルム1世 36
雲生→劉錫鴻も見よ 17

[え]
奕譞 109
袁世凱 88

[お]
王正華 97
王韜　8、9、10、11、13、14、18、21、126
大久保利通 5
大西理平 108

[か]
カール（カノル、Carl、Katharina）〔6〕、98、104、107、108、109
郭→郭嵩燾も見よ 66
郭公使→郭嵩燾も見よ 59
郭嵩燾（郭、郭公使）　13、16、17、〔4〕、〔5〕、69、76、106、145
カノル→カールも見よ 98
河上清 97
観雲→蔣智由も見よ 124、133

[き]
妃嬪 112
キヨッソーネ 4

[く]
グッドマン（Goodman）〔4〕、65、66、69
グラッドストーン 24、26
グリアーニ 65
クルップ 34
クルップ, アルフレート 36、37
クルップ, フリードリヒ・アルフレート 36
勛齡 109、112

[け]
剣公→高旭も見よ 124、129

[こ]
康愛徳 125
高旭（剣公）　124、129、130、131、133
皇后　112、113、115、117
洪秀全 7
高燮（吹万） 125、133
黄宗仰 131、133
皇族 115、118

人名（称号）索引　153

皇族貴顕　113
皇太后→西太后も見よ　41、70、71、79、88、89
皇帝　118、119
康有為　26、29
孔令　116、118
コーエン，P・A　11
胡喬木　2
呉仲澤　88
伍廷芳　87、98
コンガー（Conger, Sarah Pike）　〔6〕、97、108

[さ]
蔡元培　133
蔡爾康　25

[し]
シェーファー　52
志剛　15
子蕎　40
蒋介石　5、119
少卿→曾鋳も見よ　44
蒋智由（観雲）　124、133
章炳麟（太炎）　124、128、129、131、132、133、135
邵友濂　24
ジョージ3世　52
信懐民→信勤も見よ　41
信勤（信懐民）　41、42、44、135
新吾　27
沈能虎　89
辛荞　2、3

[す]
吹万→高燮も見よ　125、133

鄒容　131、132、133

[せ]
星恒　129
西太后（皇太后）　23、41、70、71、79、88、89、〔7〕、〔8〕、145
石美玉　125
銭鍾書　56
宣宗→道光帝も見よ　19、20

[そ]
曾紀沢　14、16、19、21
曾少卿→曾鋳も見よ　43、44
曾鋳（少卿、曾少卿）　43、44、45、135
ソールズベリー　24、26
孫文　5、6、119
孫宝瑄　27、29、33

[た]
太炎→章炳麟も見よ　131
高野→高野文次郎も見よ　112、113
高野文次郎（高野）　112、113
多木→多木浩二も見よ　4
多木浩二（多木）　4、116
タッソー→マダム・ダッソーも見よ　17

[ち]
チェンバレン　26
張徳彝　15、16、37、58、60、61
張百熙　40、42、44、135
陳天華　128、130、131
陳独秀　134

[て]
天皇　　4、5、113、115、116、117、118

[と]
ドイツ皇后　　111
ドイツ皇子→アーダルベルトも見よ　　111
道光帝（宣宗）　　19、20
寶坤　　2
東田雅博　　11、23
同治帝（穆宗）　　26、29、77、79
ドーソン，R　　11
徳川将軍　　5
徳齢　　70、75、76、83、109

[な]
ナポレオン　　132
那拉氏　　114

[に]
ニコライ2世　　23

[は]
バーク　　26
パークス　　39、102、126
ハート　　39、74
バーリンゲーム　　15
ハンブリー（ハンブリー，トーマス、Hanbury, Thomas）　　65、66、67
ハンブリー，トーマス→ハンブリーも見よ　　66

[ふ]
フーコー，M　　78、145
馮汝騤　　41

傅相→李鴻章も見よ　　27
浮渡生→房秩五も見よ　　125、133、134
フランシス　　89
溥倫　　75、89、97、98
プロテー　　39、126
文忠→李鴻章も見よ　　38
文忠→林則徐も見よ　　18、20

[ほ]
房秩五（浮渡生）　　125、133、134
穆宗→同治帝も見よ　　26

[ま]
マカートニー　　59
マダム・タッソー（タッソー）〔1〕、23、25、51、62
丸木利陽　　4
マンドル，ヘルマン（Mandl, Hermann）　　34、36、37

[め]
明治天皇　　4、82

[も]
毛沢東　　〔序〕、56、57、82、119
モース，M　　145

[や]
山本讃七郎　　111

[よ]
容齢　　70、87、109
余芷江　　43

[ら]
ラック，D・F　　11

人名（称号）索引

[り]

李経邁　　34
李公→李鴻章も見よ　　27、34
李鴻章（傅相、文忠、李公、李傅相、李文忠、李文忠公）　〔2〕、〔3〕、51、53、104、106、123、124、125、126、127、129、134、135、145、146
李傅相→李鴻章も見よ　　27
李文忠→李鴻章も見よ　　34
李文忠公→李鴻章も見よ　　37
柳亜子　　128、130
劉錫鴻（雲生）　17、18、19、21、59、65
隆裕皇太后　　112
梁啓超　　133
梁誠　　88、89
呂海寰　　88
林→林則徐も見よ　　9
林楽知→アレン，ヤングも見よ　　25
林公→林則徐も見よ　　14、20
林少穆→林則徐も見よ　　15
林総督→林則徐も見よ　　9
林則徐（文忠、林、林公、林少穆、林総督、林文忠、林文忠公）　〔1〕、23、26、29、51、53、62、106、126、145
林文忠→林則徐も見よ　9、14、16、17、19、20
林文忠公→林則徐も見よ　　18

[る]

ルーズベルト　　80
ルービン，ミリ　　143
ルソー（ルソー，ジャン＝ジャック、盧騒）　　〔補〕

ルソー，ジャン＝ジャック→ルソーも見よ　　128

[れ]

黎庶昌　　65、66
レッグ　　8

[ろ]

ロシア皇帝、皇后　　109
盧騒→ルソーも見よ　　133

[わ]

ワシントン　　17、26、132

[A]

Allen, Young →アレン，ヤングも見よ　　25

[C]

Carl, Katharina →カールも見よ　　69
Conger, Sarah Pike →コンガーも見よ　　69

[G]

Goodman →グッドマンも見よ　52

[H]

Hanbury, Thomas →ハンブリーも見よ　　66

[M]

Mandl, Hermann →マンドル，ヘルマンも見よ　　36

書名・雑誌名等索引

[あ]
安徽俗話報　　　　125、133、134

[え]
英国遊記　　　　　　　　　　26
英軺私記　　　　　　　　　　17

[お]
欧美環遊記（再述奇）　　　　16

[か]
革命軍　　　　　　　　131、132

[け]
警鐘日報　　　99、100、101、103、
　　　　105、116、117、118、119

[こ]
皇国貴顕肖像　　　　　　　　115
江蘇　　　　　　　　　　　　124
国民日日報　　　　　　　　　124
梧竹山房日記　　　　　　　　27

[し]
四案図　　　　　　　　　　　109
時事新報　　99、107、108、109、
　　　　　　　110、111、112
時報　　　　　　　　　　　　112
出使英法俄国日記　　　　　　14
尚書　　　　　　　　　　　　8
女子世界　　　　　　　　　　125
初使泰西記　　　　　　　　　15

清宮瑣記　　　　　　　　　　70
清宮万国博覧会檔案　　　　　70
新小説　　　　　　　　　　　114
新聞報　　　　　　　　　　　131
申報　　　　28、53、57、58、60、67、
　　　　　　　　　　　88、112
新民叢報　　　　　　　　　　124

[す]
図画新聞　　　　　　　　　　41
図画日報　　　33、35、37、43、44

[せ]
西洋雑志　　　　　　　　　　65
聖容帳　　　　　　　　　　　109

[そ]
蘇報　　　　　　　　　124、133

[た]
大公報　　　　　　　　　87、112
大清会典　　　　　　　　　　117
大清律例　　　　　　　　　　117

[ち]
中国近代文化史研究──時間・空
　間・表象──　　　　　　142
中国摂影史　　　　　　　　　112

[て]
天皇の肖像　　　　　　　　　4

書名・雑誌名等索引　157

[と]
東京二六新聞　　　　110、111

[は]
万国公報　　　27、113、114

[ふ]
復報　　　　　　　　　129
浮渡山房詩存　　　　　134

[ほ]
忘山廬日記　　　　　　40

[ま]
漫遊随録　　　　　　8、126

[み]
民約論　　　　　　128、130

[も]
猛回頭　　　　　　128、130

[よ]
万朝報　　　97、98、99、108

[り]
李傅相歴聘欧美記　　24、27

[D]
The Daily Telegraph　　　61

[I]
The Illustrated London News　25

[L]
Letter from China　　　　69

[T]
The Times　　　　　　　24
Two years in the Forbidden City
　　　　　　　　　　　　70

[W]
With the Empress Dowager of
　China　　　　　　　　69

事項索引

[あ]

愛国学社　　　　　　　　133
アジア　　　　　37、39、99、108
アヘン　　　　　　9、14、18、20
アヘン戦争　　8、10、12、73、135、
　　　　　　　　　　　　　141
アメリカ（美国、米国）　15、24、
　　36、37、43、44、69、71、72、
　　76、80、88、98、100、102、103、
　　　　104、110、125、132、136
アメリカ合衆国政府（合衆国政府）
　　　　　　　　　80、82、101
アメリカ国家美術院　　　　89
アメリカ人　　　　25、97、102
アメリカ独立　　　　　　131
アロー戦争　　　　　　　73

[い]

イギリス（英国）　3、7、8、9、10、
　　11、12、13、14、15、16、17、
　　20、23、24、25、26、27、34、
　　36、37、39、45、52、54、57、
　　61、62、66、81、82、127
イギリス人　8、10、11、12、13、
　　14、18、21、23、53、61、62、
　　　　　　　65、66、67、76
イギリス政府　　　　　　26
イギリス租界　　　　　　126
イタリア　　　　　　　　4
イタリア人　　　　　　　65
異文化交流　　　　　　　144
移民制限条約　　　　　　71

移民制限法　　　　　　　44
頤和園　　　　　　　　69、87
インド　　　　　　　　　102

[う]

ヴィクトリア時代（朝）　11、12、
　　　　　　　　　37、62、66
ヴィクトリアニズム　　　12
ヴィジュアルイメージ　　71

[え]

英国→イギリスも見よ　　52
絵入り新聞　　　　　　　70
エッセン　　　　　　　27、36
江戸時代　　　　　　　　5

[お]

王室肖像画　　　　　　　81
欧州　　　　　　　　　　128
欧洲各国　　　　　　　　110
王朝体制　　　　　1、6、42、142
王朝文化　　　　　　　　79
欧土　　　　　　　　　　129
欧米　　　　　　23、26、28、34
欧米人　　　　　　　　26、110
欧米文明国　　　　　　　99
大阪国内勧業博　　　　　104
大阪博覧会事件　　　　　104
オーストリア　　　　　　127
オランダ　　　　　　　　24

[か]

花衣	111
外交儀礼	23、82、105
開国大典	3
外務部	87、88、103
改良派	131
学術人類館	104
郭嵩燾画案	57
郭嵩燾の肖像画	52、53、57
革命	3、100、104、〔補〕
革命運動	142、〔補〕
革命思想	131、133
革命主義	132
革命勢力	40、104、105、130、132
革命独立	132
革命の想像	134
革命派	131、136
革命パンフレット	130、131
仮構	62、66、67、76
合衆国政府→アメリカ合衆国政府も見よ	80
貨幣	81
カメラ	25

[き]

記憶の表象	135
徽号	79
切手	4、81
記念写真	109
キャンバス	25、55、58、62、69、76
宮掖画家	79
玉座	77、78、79
去思の念	41
去思碑	42
御容	84、88、100、117

[か]

儀礼空間	111
義和団戦争	38、42、71、73、77
覲見	71、73、84
欽差大臣	7、15、16、18、21、23、51、53、55、61、66、67
欽差頭等出使大臣	24
近代中外交流史	8
近代文化史	8

[く]

空間	6、38、144
クルップ社（クルップ製鉄所、クルップ兵器工場）	27、33、34、35、36、104、123
クルップ製鉄所→クルップ社も見よ	34
クルップ兵器工場→クルップ社も見よ	27

[け]

権威・権力の空間	5
権力者の可視化	5
権力者の肖像画	4
権力者の身体	110
権力の可視化	110、111、112
権力の空間	118

[こ]

広学会	25、27
皇城	73
光緒新政	42
黄亭	111
皇帝の肖像写真	118
皇帝の表象	111
公平洋行（Probst, Hanbury (China) & Co., Ld.）	65

黄龍旗	135、136
故宮博物院	109
国際博覧会	74
国民国家	37、45、142
御真影	4、5、82、116
国旗	135、136
国慶節	2
コメモレイション	37、38、39、42、43、44、45、104、123、126、135

[さ]

挿絵入りジャーナリズム	81
雑誌メディア	114、115
サンフランシスコ	89

[し]

詩界革命	133
視覚	145
視覚技術	27、83、110
視覚経験	25
視覚文化	118
時間	144
自強、自存	142
紫禁城	80、82、83
時憲書	84
自己	6、13、42、45、55、144
諡号	42
紫光閣	73
自己―他者	145
自己デザイン	142、144
祠堂	38、40、42
資本主義	12、72、74
資本主義の文化装置	72
社会進化論	72
写真	5、16、51、59、76、81、83、100、(8)
写真館	109、111、116、118
写真技術	56、82、108、109
写真撮影	56、110、117
写真師	110、111、112
写真集	112
上海	24、25、27、29、33、34、38、39、40、43、44、57、60、65、66、67、87、88、99、100、102、104、112、114、123、125、126、129、134、135
自由	130、136
自由貿易政策	12、13
慈容	84
肖像	5、53、81、82、97、98、100、107、108、110、113、115、116
肖像画	16、(1)、(4)、(5)、(6)、(7)、(8)、141、146
肖像画の身体性	3
肖像画の政治性と身体性	4
肖像写真	5、51、58、81、82、(8)、141、146
象徴的身体	118
商品	115
商品化	116
情報ネットワーク	27
条約体制	135
徐家匯	34、35、39、40、104、123
辛亥革命	43、130、135
信義洋行	34、36
信勤像	44
清国貴顕肖像	116
神州	132
新人民元紙幣	4
身体感覚	145

事項索引　　161

身体的自己意識　　55、61
身体的反応　　56
身体モニュメント　　36
辛丑和約　　38、73
新聞メディア　　28、53
清米華工条約　　71
清米天津条約追加条約　　15
申報館　　65
人類館　　103、104

[す]
崇文門　　103
スペイン　　127

[せ]
西安　　73
政教　　17
政策論的現実主義　　144
政治技術　　5
政治空間　　4、5、6、74
政治的表象　　5
政治の視覚的技術　　5
政治文化　　4、5、6、38、119、134、135
西太后像　　105
西太后の肖像　　〔8〕
西太后の肖像画　　97、99、100、〔8〕
西太后の銅像　　102、103、104、105
制度　　42、60、61、62、67、85、116、136、144、145
聖牌　　18
聖容　　84、86、87、88、89、97、100、101、105、111
西洋観　　17
西洋の衝撃　　142

西洋美術　　60、62、78、85
西洋文明　　67
正陽門駅　　87
聖路易→セントルイスも見よ　　97、98
聖路易賽会→セントルイス万国博覧会も見よ　　104
世界　　6、8、12、27、39、71、72、85、101、102、124、128、131、141
世界各国　　79、102
世界システム　　144
世界周遊　　24、27、28
石版画　　113、115、116
専祠　　38
セントルイス（聖路易）　　69、75、86、89、97、98、99、100、101、102、103、104、105、112
セントルイス万国博覧会（聖路易賽会）　　69、70、71、72、75、80、88、97、98、100、102、104、107、108

[そ]
装置　　38、55、61、62
曾鋳の銅像　　43、44、45
租界　　39、102
蘇州年画　　115
蘇報事件　　131、133

[た]
大衆社会　　83
大衆的メディア　　116
大展覧会（Summer Exhibition）　　52
択吉　　84、85

他者　6、11、18、19、28、40、42、
　　　45、55、57、67、79、126、144

［ち］
中英交渉史　　　　　　　　　10
中華王朝体制　　　　　38、42、44
中華人民共和国　　　　　　4、56
中華民国　　　　　　　　45、135
中国イメージ　　　　　　　　11
中国革命　　　　　　　　5、130
中国観、中国人観　　11、12、62
中国教育会　　　　　　　　133
中国近代政治思想史　　130、142
中国近代文化史　　　　142、144
中国写真史　　　　　　　　109
中国人移民排斥運動　　　　　71
中国第一歴史檔案館　　　　　70
中ソ友好同盟相互援助条約　　 3
朝裙　　　　　　　　　　　　 9
頂珠　　　　　　　　　9、59、61
頂戴　　　　　　　　　　54、55
張百熙像　　　　　　　　　　44
朝服　　　　　　26、55、60、61

［つ］
追影　　　　　　　　　　　　60

［て］
帝国主義　　　　　　72、74、99
天安門　　　　　　〔序〕、56、82
典章制度　　　　　　　　　　26
天津　　　　　　　　87、103、112
天朝　　　　15、21、23、51、53、57、
　　　　　　　　　　61、66、67
天皇制国家　　　　　　　4、118
天皇の視覚化　　　　　　　　 4

天皇の肖像　　　　　　4、116、118
天皇の身体の可視化　　　　　 4

［と］
ドイツ　　24、27、33、34、36、37、
　　　　　　　59、104、123、127
銅製の遺像　　　　　　　　　43
銅像　　　6、27、〔3〕、〔7〕、〔補〕、
　　　　　　　　　　141、146
銅像の想像　　　　　　　　〔補〕
銅像ブーム　　36、37、39、128、134
同盟会　　　　　　　　　　129
徳政牌　　　　　　　　　　　42
独立　　　　　　　　　　　130
独立旗　　　　　　　　　　136

［な］
ナショナル・アイデンティティ
　　　　　　　　　　37、45、135
ナポレオン戦争　　　　　　　37
南京条約　　　　　　　　　　10
南社　　　　　　　　　130、133
南北戦争　　　　　　　　　　36

［に］
錦絵　　　　　　　　　113、116
日露戦争　　　　　　　　　108
日清戦争　　　　　　　　　　23
日本　4、5、36、73、97、98、99、
　　　105、108、112、113、115、116、
　　　　　　　　117、118、144
日本人　56、97、98、104、110、
　　　　　　　　　　111、112
日本政府　　　　　　　　　　98
人間の展示　　　　　　72、104

[ね]

年画	115

[は]

パークス像	39、102、126
ハート像	39
パーマストン政権	15
バーリンゲーム使節団	15
貝子	75、97
牌坊	127
博覧会	〔6〕、〔7〕
バッキンガム宮殿	81
パリ	128
パリ万国博覧会	74
ハワイ	72
万国博覧会	〔6〕、〔7〕、110
万歳牌	111
万寿宮	88
反清	118
反清革命	129、130
万民傘	42

[ひ]

美国→アメリカも見よ	104
美術宮（Art Palace）	80、90、97
標準像	3
表象	136、144
表象制度	135
表象文化	135
平等	130
貧児院	43、44

[ふ]

ファインアート	53、66
フィリピン	72
複製	145
複製技術	56、67、83、109、110
複製文化	118
仏国→フランスも見よ	110
普仏戦争	36
フランス（仏国）	8、16、24、110、126、128、132、136
フランス革命	131
フランス租界	39
ブルジョア革命派	130
プロテー像	39、126
文化交流	144
文化史研究	142、143、145
文化大革命	2、4
文化摩擦	144
文忠像→林則徐の像も見よ	18
文明	71
文明化の使命	12
文明、進歩―野蛮、未開の基準	12
文明、進歩―野蛮、未開の基準軸	62
文明的他者	141
文明―野蛮の価値基準	72
文明論的理想主義	144

[へ]

米国→アメリカも見よ	98、110
北京	1、2、38、69、82、102、103、104、109、111
ベルギー	24
変法運動	142

[ほ]

北洋艦隊	36
戊戌政変	26
ポルトガル	127
ホワイトハウス	80

香港　　　　　　　　　8、26

[ま]
マーガリー事件　　　　13
マスメディア　　　　66、67
マダム・タッソー蠟人形館　〔1〕、
　　　　　　　23、25、51、62
マルセイユ　　　　　　　8

[み]
未開国　　　　　　　　99
未来　　　　　　135、136、144
未来の想像　　　　　　134
見る―見られるの関係　6、67、74、
　　　　　　　　141、145
民俗文化　　　57、61、76、79、84

[め]
明治新政権　　　　　　4
明治政府　　　　　116、118
明治日本　　　　　110、115
メーデー　　　　　　　2
メダイヨン　　　　　　115
メディア　　　　　113、115
メディア文化　　　　　118

[も]
毛沢東像　　　　　　　4
毛沢東の肖像　　　　　4
毛沢東の肖像画　〔序〕、56、82
毛沢東バッジ　　　　　4
モスクワ　　　　　　　3

[や]
野蛮人　　　　　　　　104

[ゆ]
有正書局　　　　　　　112

[よ]
養性殿　　　　　　　　73
洋務運動　　　　　135、142
ヨーロッパ　　　7、8、11、12、14、
　　　　　　　26、70、111

[ら]
楽寿堂　　　　　　　　69

[り]
李鴻章像　　　25、39、40、42、44、
　　　　　　　　　　　104
李鴻章の肖像　　　　　36
李鴻章の銅像　　　　〔3〕、〔補〕
李丞相祠堂　　　　34、35、123
理想的な身体　　62、67、71、79、82
理想的な分身　　　　78、83
理想の表象　　　　　　104
リバプール展覧会　　　60
留日清国学生　　　　　104
林則徐の像（文忠像、林文忠公の像、
　　　林文忠の像）　〔1〕、26、62
林則徐の蠟人形　　14、23、29
林文忠公の像→林則徐の像も見よ
　　　　　　　　　　　18
林文忠とその夫人の像　16
林文忠の像→林則徐の像も見よ　14

[る]
ルソーの銅像　　129、131、132、
　　　　　　　　133、134

事項索引　165

[れ]

翎子	9、54、55
暦書	84、85
列強	39
列強諸国	73、130
レリーフ	25
レンズ	25、109、119

[ろ]

ロイヤル・アカデミー（Royal Academy of Arts）　52、53、62
ロイヤル・アカデミーの展覧会
　　　　　　　　　52、59、60
蠟人形　6、〔1〕、〔2〕、51、126、
　　　　　　　　　141、146
蠟人形館　　　〔1〕、26、27
老仏爺　　　　　　　　102
ロシア　8、23、24、34、98、99、
　　　　　　　　　108、109
ロック＆ホワイトフィールド写真館
　　　　　　　　　　　　51
ロンドン　7、9、10、12、14、15、
　　　17、18、19、21、23、26、51、
　　　53、57、61、62、65、66、69、
　　　　　　　　　　　126
ロンドン万国博覧会　　　74

[わ]

淮軍	36、38
外灘	39、88、126
王府井	111

[A]

Art Palace →美術宮も見よ　80

[P]

portrait　　　　　　　84、97
Probst, Hanbury（China）& Co., Ld. →公平洋行も見よ　65

[R]

Royal Academy of Arts →ロイヤル・アカデミーも見よ　52

[S]

Summer Exhibition →大展覧会も見よ　52

著者紹介
遊佐　徹（ゆさ　とおる）

研究分野：中国近代文化史、中国古典白話小説
現　　職：岡山大学大学院社会文化科学研究科准教授
主要業績：『中国近代文化史研究——時間・空間・表象——』(『岡山大学文学部研究叢書』第31号　2010年)
「街路と英烈——1946年の北京における「記憶の場」の形成とその現在」(『中国文史論叢』第5号　2009年)
「三月十五日の物語——『封神演義』と女媧信仰：『封神演義』研究の2」(『岡山大学文学部紀要』第35号　2001年)
「『封神演義』—想像力の大展覧」(『週刊朝日百科　世界の文学』第106号　2001年)

蠟人形・銅像・肖像画 — 近代中国人の身体と政治

2011年 8 月10日　初版印刷
2011年 8 月12日　初版発行

著　者　遊佐　徹
発行者　佐藤　康夫
発行所　白　帝　社
〒171-0014　東京都豊島区池袋 2-65-1
TEL 03-3986-3271
FAX 03-3986-3272(営)/03-3986-8892(編)
http://www.hakuteisha.co.jp/
組版　オルツ　　印刷・製本　大倉印刷（株）

Ⓒ2011年　YUSA, Toru　ISBN 978-4-86398-056-3
Ⓡ本書の全部または一部を無断で複写複製（コピー）することは、著作権法上での例外を除き、禁じられています。本書からの複製を希望される場合は、日本複写権センター（03-3401-2382）にご連絡ください。